Couverture inférieure manquante

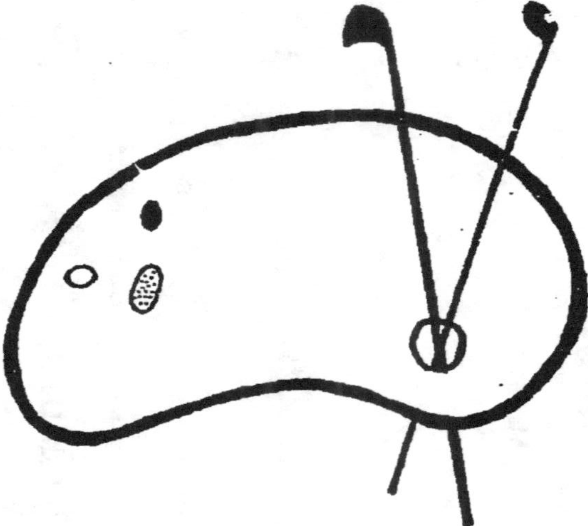

DEBUT D'UNE SERIE DE DOCUMENTS
EN COULEUR

VOYAGE EN SAVOIE

DE

L'EMPEREUR NAPOLÉON III

ET DE

L'IMPÉRATRICE EUGÉNIE

27 Août — 5 Septembre 1860

RÉCIT AUTHENTIQUE

D'APRÈS LES DOCUMENTS DE L'ÉPOQUE

CHAMBÉRY

IMPRIMERIE GÉNÉRALE SAVOISIENNE
5, Rue du Château, 5

1911

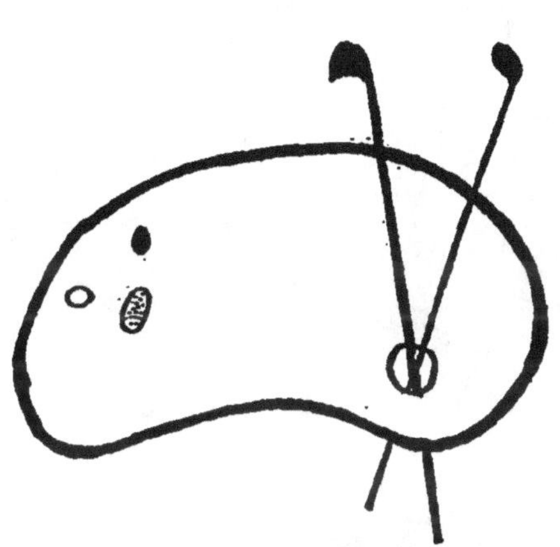

FIN D'UNE SERIE DE DOCUMENTS
EN COULEUR

De la Part de Monsieur

le Baron d'Alexandry d'Orengiani

Château de St Marcel
par Rumilly (Haute-Savoie)

VOYAGE

DE

Leurs Majestés Impériales

EN SAVOIE

1860

VOYAGE EN SAVOIE

DE

L'EMPEREUR NAPOLÉON III

ET DE

L'IMPÉRATRICE EUGÉNIE

27 Août — 5 Septembre 1860

RÉCIT AUTHENTIQUE

D'APRÈS LES DOCUMENTS DE L'ÉPOQUE

CHAMBÉRY
IMPRIMERIE GÉNÉRALE SAVOISIENNE
5, Rue du Château, 5
—
1911

A S. A. I.

MONSEIGNEUR

LE PRINCE NAPOLÉON

———

Hommage respectueux de quelques fidèles

———

En souvenir du principal auteur de l'Annexion
de la Savoie à la France

———

Chambéry, le 14 Novembre 1910.

AVANT-PROPOS

On a dit avec raison que la Savoie était française par le penchant naturel de son âme avant de l'être par la force des traités. Tout contribuait à la rapprocher de la France et à former ce lien, désormais indissoluble, qui l'unit à sa patrie adoptive : d'abord sa position géographique dans le bassin du Rhône, qui faisait dire, il y a cinquante ans, aux Savoyards : « Nos cœurs suivent le cours de nos rivières ! »; puis la communauté de langue, les souvenirs historiques, les relations ordinaires de la vie, aussi nombreuses, aussi cordiales avec la France que l'étaient peu les rapports habituels avec le Piémont, l'exode de nos princes et la politique italienne du gouvernement sarde, enfin la conscience que la Savoie, délaissée comme une parente pauvre en deça des Alpes, ne pourrait conserver l'intégrité de son territoire et de son caractère propre qu'à la condition de trouver à l'Ouest l'appui qui, de l'autre côté, se retirait d'elle.

Aussi, malgré quelques hésitations naturelles du début, qui furent bientôt emportées par le courant de l'opinion, a-t-on pu proclamer que la Savoie, d'un élan unanime, s'était donnée à la France.

Mais l'historien qui se bornerait à cette explication sentimentale ne donnerait pas tous les motifs de l'annexion : — il en négligerait le principal. Un peuple n'est jamais tout à fait maître de ses destinées : nous ne le savons que trop, hélas ! par l'exemple d'une autre province française qui, depuis quarante ans, regrette la patrie perdue. Pour faire une nationalité, il ne suffit pas du sentiment des populations; il y faut encore un concours favorable de circonstances et la consécration des événements. Or, la cause déterminante de l'annexion fut, évidemment, la campagne d'Italie. Et cette campagne ne fut possible, elle n'aboutit au triomphe de la Maison de Savoie au-delà des monts que grâce à l'alliance française qui, elle-même, fut l'œuvre de Napoléon III, empereur des Français.

C'est donc à Napoléon III que la Savoie dut l'occasion propice, le moyen nécessaire de réaliser son rêve le plus cher.

Ni le demi-siècle écoulé, ni les vicissitudes et les deuils que notre province a partagés avec sa nouvelle patrie ne peuvent avoir effacé de l'histoire ce fait capital. Il est impossible — à moins de commettre une injustice criante — de rappeler aux jeunes générations l'acte mémorable de 1860 sans leur rappeler en même temps les conditions de politique internationale dans lesquelles il s'est accompli, sans rendre un pieux hommage à ses promoteurs et, par-dessus tous, à l'Empereur Napoléon III.

**.

Les Savoyards contemporains de l'annexion ne s'y trompèrent pas. Dans les manifestations qui accompagnèrent ou suivirent le vote du 22 avril, leur cœur sut associer à l'amour de la France la reconnaissance envers son souverain.

Ils témoignèrent ce double sentiment avec un éclat particulier, lors de la visite officielle que leur firent, quelque temps après, l'Empereur et l'Impératrice. Pendant neuf jours, ce fut une ovation ininterrompue; dans toutes les villes et dans les moindres villages que traversa le cortège impérial, le peuple savoyard, accouru en foule, manifesta aux monarques français un attachement aussi vif que spontané.

Pour avoir une impression exacte de ces fêtes il faut consulter les témoins oculaires.

On va lire le récit d'un journal du temps, le Courrier des Alpes, dont on ne saurait contester l'autorité en la matière. Dès l'origine du mouvement annexioniste, — avec le concours de tant de patriotes aux noms justement vénérés — ce journal mena une campagne ardente pour préparer les esprits de ses concitoyens à la nationalité française. Il traduisait bien, à ce moment, la pensée du pays. Suivons ce guide fidèle et revivons avec lui ces journées joyeuses où la Savoie écrivit un des plus beaux chapitres de son histoire.

Observez d'abord l'attitude du bon peuple savoyard : c'est la gaieté générale, spontanée, simple et franche, qu'aucun regret n'altère, qu'aucune amertume n'assombrit. Chez tous, riches et pauvres, notables, artisans et ouvriers, la même allégresse emplit le cœur. On a souvent comparé à un mariage l'union de la Savoie à la France. Rien n'est plus vrai. Les fêtes éclatantes qui eurent lieu à l'occasion de la visite impériale eurent le caractère d'une réjouissance de famille; elles ressemblèrent par la bonne humeur et la cordialité à de véritables noces. On se sentait heureux et l'on éprouvait le besoin de manifester très haut son bonheur, comme si un secret instinct avertissait nos compatriotes que l'heure était unique et ne reviendrait plus jamais.....

Dans cette joie unanime, il y avait, disons-le, de la fierté patriotique et de vastes espoirs. Pareille à une jeune mariée que flatte le choix d'un époux illustre, la Savoie était fière de se donner à la grande *famille française et, au fond de son âme candide, elle faisait des châteaux en Espagne sur les avantages de toutes sortes qu'elle attendait de cette union.*

Ces sentiments que des interprètes autorisés — syndics, président du Conseil général, évêques — surent exprimer avec une noblesse dépourvue d'affectation, s'incarnaient tout naturellement dans la figure de l'Empereur. L'empressement de la foule à le saluer, à le fêter était respectueux et tout ensemble familier.

En la circonstance, Napoléon III se montra tel qu'il était : sans morgue, foncièrement bon et généreux. Il fut touché de l'accueil cordial du peuple savoyard et prit soin de lui témoigner son vif intérêt par mille attentions délicates.

L'Impératrice Eugénie, alors dans toute la splendeur de sa beauté, eut sa part des acclamations populaires. Elle se montra charmante. Malgré une légère indisposition, elle voulut assister à toutes les cérémonies, à toutes les parties de la fête, promenades, dîners, visites aux établissements de bienfaisance, voire même aux bals qu'elle ouvrit elle-même et où elle demeura jusqu'à une heure tardive.

Un détail donnera une idée de la bonhomie qui signala le voyage des souverains. Partout ils sortirent dans les rues sans escorte; d'Annecy à Thonon ils allèrent en voiture, sans autre cortège que quatre gendarmes à cheval. On pense si nos compatriotes, avec leur culte inné de l'hospitalité, apprécièrent ces marques de confiance !..... Rien ne pouvait leur être plus agréable.

Et quoi de plus touchant que la présence sur le passage des souverains de ces médaillés de Sainte-Hélène qui pleuraient de joie en voyant le neveu du grand Empereur !.....

.[.].

Napoléon III ne tarda pas à répondre aux espérances que l'annexion faisait concevoir à la nouvelle province française. A peine est-il arrivé à Chambéry qu'il s'inquiète des besoins du pays et spécialement de sa vieille capitale. Dès le lendemain, il se lève à 6 heures et, jusqu'au déjeuner, il confère avec le maire de la ville, M. le baron d'Alexandry, au sujet des améliorations qu'il arrête, séance tenante, aux frais de l'Etat : construction d'un hôtel de ville, aménagement d'un jardin public et d'un marché couvert, tracé d'une voie importante faisant communiquer le Champ de Mars avec le faubourg Maché et d'une route reliant la caserne de gendarmerie au faubourg Nezin par le prolongement de la route de France en Italie à travers le quartier déshérité du Reclus, En outre, l'Empereur décharge la ville d'une somme de 25,000 francs sur les dépenses d'appropriation des bâtiments du lycée, ainsi qu'une somme de 23,000 francs pour les œuvres de bienfaisance de la ville de Chambéry.

A Aix-les-Bains, Napoléon III alloue une subvention de 700,000 francs pour l'agrandissement de l'Etablissement thermal et la reconstruction de l'hôpital de la reine Hortense.

A Annecy, l'Empereur remet au maire 17,000 francs pour les établissements religieux de bienfaisance et 500 francs à M. Laeuffer pour les malades de sa manufacture.

A Thonon, il s'occupe des travaux du port.

A Sallanches, il laisse 25,000 francs pour la réparation des dégâts causés par les inondations et 1,000 francs à chacun des établissements de bienfaisance.

A Cluses, il donne sur sa cassette personnelle 12,000 francs à l'école d'horlogerie.

Il ne s'intéresse pas moins aux besoins généraux du département.

Il décide le classement de plusieurs routes; il donne 300,000 francs pour alléger les charges financières des communes dont le budget est le plus obéré; il fait de l'asile de Bassens un établissement public, lui attribue 400,000 francs de subvention et décide que cent places y seront réservées aux infirmes de la Savoie et de la Haute-Savoie.....

Et nous ne mentionnons, bien entendu, que ce que l'Empereur a donné à notre province pendant sa visite; — encore oublions-nous bien des dons connus ou ignorés qu'il a répandus sur sa route. Qu'on fasse le total des libéralités énumérées plus haut, qu'on y ajoute les largesses innombrables qui suivirent et l'on reconnaîtra que Napoléon III fut pour la Savoie un ami sincère doublé d'un bienfaiteur généreux.

Si la gratitude est un devoir pour les peuples comme pour les individus, la Savoie saura garder à l'Empereur un souvenir reconnaissant.

A CHAMBÉRY

Les Préparatifs de la Ville

Nous sommes au matin de ce jour qui marquera dans les annales de la Savoie. Le soleil se lève radieux, les préparatifs faits par la population de Chambéry pour la réception de leurs augustes visiteurs sont terminés. Ils ont un cachet de simplicité rustique qui leur donne un charme particulier. Toutes les rues sont transformées en avenues d'arbres verts, reliés entre eux par des guirlandes de buis et de feuilles de chêne formant des dômes de verdure. Partout pendent des couronnes de mousse et de roses. De tous côtés se dressent des mâts surmontés de boules dorées et au haut desquels s'agitent des oriflammes tricolores. Les façades des maisons ont presque partout disparu sous des guirlandes de feuillage et de fleurs : tous les étages, toutes les fenêtres sont pavoisés de drapeaux tricolores. Dans la rue Juiverie, qui se distingue entre toutes par l'élégance de son ornementation, chaque arbre porte deux drapeaux tricolores. Au faubourg Maché, les rues sont entrelacées par des guirlandes de verdure. Le faubourg Montmélian ne le cède aux autres ni par la profusion des guirlandes, ni par le goût qui a présidé à l'ornementation de ce quartier populeux, dont les sentiments français se sont si vivement manifestés au 22 avril.

Les arcs de triomphe ne se comptent plus. Chaque rue a le sien, beaucoup en ont deux. Celui élevé à l'entrée de la ville, en avant de la place de la Gare, figure une porte d'entrée monumentale, artistement ornée de faisceaux, de drapeaux, d'écussons aux armes impériales et à la croix blanche de Savoie et d'une légende portant ces mots : A L'Empereur, la Ville de Chambéry reconnaissante. Des cartouches portent les noms de batailles où la valeur française s'est associée au courage de l'armée sarde dans la mémorable campagne d'Italie.

Le second arc de triomphe que l'on rencontre est celui du faubourg Nezin. C'est un immense travail entrepris par ce quartier, où se sont retirées la plupart des industries de la ville. Un large transparent porte cette inscription :

FAUBOURG NEZIN
PENDANT LA PAIX COMME A LA GUERRE
CŒURS, TÊTES ET BRAS
TOUT POUR L'EMPEREUR, TOUT POUR LA FRANCE
22 AVRIL 1860 — 12 JUIN 1860

Au-dessus de cette inscription, douze écussons portent la désignation des corps d'état ou des industries qui s'exercent dans le faubourg.

Le troisième est au bout du pont du Reclus. Il est simple et gracieux, et on y remarque, entre deux initiales N E, la légende : DÉVOUEMENT, FIDÉLITÉ ! VIVE LE PRINCE IMPÉRIAL ! En face, un arc aussi léger que gracieux, décore l'entrée de la rue du Séminaire qui conduit au parvis Notre-Dame. Le plan en a été dressé par l'architecte Fivel et il a été construit par les habitants du quartier des Boulevards.

L'arc de triomphe de la fontaine de Boigne est de style mauresque et laisse voir la base de l'édifice et la statue du général dont le nom est si populaire à Chambéry. La partie supérieure figure une tour carrée, aux quatre angles de laquelle sont quatre petites tourelles crénelées. Sur les quatre faces on lit les noms des guerres entreprises par l'Empereur pour le repos du monde ou dans l'intérêt de l'humanité : CRIMÉE, ITALIE, CHINE, SYRIE. Au-dessous de chacun de ces mots sont inscrits les noms des batailles ou des faits principaux qui s'y rapportent.

L'entrée de la rue Métropole, du côté de la place Saint-Léger, figure un arceau gothique en feuillage et en fleurs avec un pendantif au-dessus duquel est placée une magnifique couronne de roses.

Les autres arcs de triomphe sont tous très élégants. Celui de l'entrée du jardin du Château, à la Porte-Reine, est monumental.

Nous renonçons à les citer tous. Nous devons toutefois mentionner celui de la maison de Saint-Benoît, élevé par les soins de M. Tournier, architecte et trésorier de cette célèbre maison hospitalière, qu'il administre depuis longtemps avec tant de dévouement. Un poète local a orné cet arc de triomphe d'un distique qui se fait remarquer par l'à-propos :

Sire, de la Savoie partageant l'allégresse,
L'Asile des Vieillards à vous fêter s'empresse.

Rien n'est simple et grandiose à la fois comme le spectacle qu'offre en ce moment Chambéry. Au calme habituel a succédé une animation dont notre histoire n'offre pas de précédents. La population semble en proie à une fièvre ardente de l'arrivée dans ses murs de ses nouveaux souverains; la joie se peint sur tous les visages, l'enthousiasme n'attend que l'occasion d'éclater.

Depuis le matin on voit de tous côtés arriver les habitants des campagnes environnantes qui viennent prendre part à la fête et les députations des communes du département. Bien peu manquent à l'appel. Un grand nombre sont venus des extrémités de la Tarentaise et de la Maurienne. Chacune a son drapeau portant avec le nom de la commune des inscriptions patriotiques au bas desquelles se remarquent invariablement celle-ci : VIVE L'EMPEREUR ! VIVE L'IMPÉRATRICE ! VIVE LE PRINCE IMPÉRIAL ! Les maires sont revêtus de leurs écharpes. Le clergé, au concours éclairé et dévoué duquel la Savoie a dû en grande partie le succès du vote du 22 avril, s'est associé à ce grand mouvement populaire, et généralement le curé de chaque commune accompagne la députation.

L'empressement général des populations ne saurait nous surprendre, mais il doit être constaté à raison surtout de sa spontanéité. Dans l'attitude des habitants de Chambéry, il n'y a rien de gêné, rien de contraint, rien qui ait le cachet officiel. Les populations savoisiennes répondent une fois de plus de la manière la plus noble à tout ce qui a été dit sur leurs sentiments et leurs aspirations. Ceux qui ont douté de l'enthousiasme des Savoisiens ne les connaissaient pas; ils pourraient aujourd'hui se convaincre de leur erreur. En Savoie, il ne serait pas possible de commander l'enthousiasme.

Les habitants ont toujours su faire respecter leurs convictions parce qu'ils n'ont jamais exprimé que ce qu'ils ressentaient, ni feint des sentiments qu'ils n'éprouvaient pas. Cette vérité, nous la consignons dans ce compte rendu, afin qu'il soit bien établi que la Savoie s'est donnée à la France et à l'Empereur par acclamation et non par suggestion.

La ville, c'est-à-dire l'autorité, n'a pas voulu être en reste avec la population. L'hospitalité qu'elle offre à Leurs Majestés est digne de ses hôtes augustes, — digne de la capitale de la province.

Arrivée de l'Empereur et de l'Impératrice

Journée du 27 Août

Le train impérial a quitté Culoz à 2 heures 20 minutes, il s'est arrêté cinq minutes à Châtillon. Monsieur le baron Girod de Mont-falcon a eu l'honneur de complimenter Leurs Majestés, et six jeunes filles ont offert à l'Impératrice un bouquet que Sa Majesté a daigné accepter. Le train est ensuite reparti, et à 3 heures 20 minutes il pénétrait sous l'arc de triomphe élevé dans la gare.

Depuis Culoz jusqu'à Chambéry, les populations des campagnes, en habits de fête, étaient accourues pour voir passer le train impérial. Elles ont salué Leurs Majestés par de vives acclamations.

Les salles d'attente de la gare avaient été converties, par les soins de la Compagnie, en un magnifique salon tendu de velours violet. Leurs Majestés ont traversé ce salon, et elles ont trouvé devant la gare M. le baron d'Alexandry, maire de Chambéry, qui, en leur présentant les clefs de la ville (1), leur a adressé le discours suivant :

SIRE,

Nous avons acclamé à son retour le libérateur de l'Italie, vainqueur dans trois grands combats, et nos cris enthousiastes exprimaient à Votre Majesté l'ardeur du sentiment national qui nous entraînait vers la France.

Grâce à vous, Sire, grâce à votre fermeté, les espérances de la Savoie ont été réalisées. Sur cette terre classique de l'honneur et de la loyauté, vous ne trouverez que des citoyens heureux de saluer leur légitime souverain, celui qu'ils ont élu par leurs libres suffrages.

Les habitants de cette ville, Sire, ont donné le signal du mouvement annexioniste, ils ont encore le bonheur insigne d'être les premiers à dire à Votre Majesté combien ils seront dévoués et fidèles.

---

(1) Les clefs offertes à S. M. l'Empereur, à sa descente de vagon, par M. le Maire de Chambéry, sont l'œuvre d'un ouvrier de notre ville. L'exécution en est assez correcte. Sur le panneton de chaque clef sont gravées, d'un côté, les armoiries impériales, et de l'autre l'inscription suivante :

BARON D'ALEXANDRY
MAIRE DE CHAMBÉRY
27 AOUT 1860.

Dans l'anneau figurent en relief les armoiries de la ville de Chambéry, surmontées de la couronne ducale. Ces clefs reposaient sur un coussin de velours cramoisi avec garnitures et glands d'or. Elles ont été déposées aux archives de la ville

MADAME,

L'orphelin bénit votre arrivée, le malheureux revit au souvenir de tant de bonté. Nous, Madame, nous admirons en vous la noble souveraine, nous aimons la mère du Prince Impérial, de l'héritier de cette race héroïque qui comptera au nombre des fleurons de sa couronne la fidèle Savoie.

Vive l'Empereur ! Vive l'Impératrice ! Vive le Prince Impérial !

L'Empereur a répondu :

« Qu'il était très heureux de venir en Savoie; qu'il connaissait les sentiments de la Savoie, et qu'il était certain de retrouver pour lui et sa dynastie, la fidélité, le dévouement que les populations savoisiennes ont de tout temps montrés pour leurs princes, qu'il ferait ce qu'il pourrait pour la rendre aussi prospère que les autres départements français. »

Ces paroles de l'Empereur ont vivement ému les personnes qui les ont entendues.

Monsieur le marquis Costa de Beauregard, président du Conseil général, s'est ensuite avancé, et d'une voix assurée a prononcé un discours élégant et chaleureux que nous sommes heureux de reproduire :

SIRE,

Le Conseil général de ce nouveau département de la France, auquel Votre Majesté, par une pensée si gracieusement délicate, a conservé un nom cher à nos cœurs, le Conseil général du département de la Savoie a l'honneur de déposer aux pieds de Votre Majesté l'hommage de son dévouement sans bornes et de sa respectueuse reconnaissance. Il sait que, dans son intérêt paternel pour ses nouveaux sujets, l'Empereur veut qu'ils recueillent au plus tôt le bénéfice des grandes mesures d'utilité publique dont sa puissance réalise l'exécution aussi rapidement que sa haute sagesse sait en embrasser la portée.

L'Empereur veut que la Savoie, désormais associée à la grandeur et à la prospérité de la France, n'ait rien à envier, au point de vue de ses intérêts moraux et matériels, aux anciens départements de l'Empire ; aussi cette province fidèle ne le cédera jamais à aucun d'eux en dévouement à l'auguste personne de Votre Majesté. Vous avez exaucé, Sire, le désir le plus cher des populations de la Savoie en venant au milieu d'elles ; vous avez voulu que, par sa présence si impatiemment désirée, par le charme de sa bonté si gracieuse, Sa Majesté l'Impératrice complétât le bonheur de ses nouveaux sujets.

Daignez permettre, Sire, au Conseil général de ce département de votre Empire, d'être aujourd'hui l'interprète de ses sentiments de vive et respectueuse gratitude et de bénir le jour qui comble les vœux de la Savoie et doit lui donner une vie nouvelle.

Leurs Majestés, après ce discours, sont montées en calèche découverte pour se rendre à la Cathédrale. Le maréchal comte de

Castellane et le général Bourbaki ont pris place dans la voiture de l'Empereur.

Tandis que le Maire, le Conseil municipal et les divers fonctionnaires invités à assister à la cérémonie religieuse, se rendaient à la Métropole en passant par le faubourg Nezin, le jardin de la Charité et le jardin de la Métropole, le cortège impérial suivait l'itinéraire qui avait été ainsi fixé : l'avenue de la Gare, le pont du Reclus, le boulevard, la rue Neuve, la rue des Portiques, la place Saint-Léger et la rue Métropole.

La haie était formée, d'un côté, par les troupes de la garnison, de l'autre, par les députations des communes, composées des maires, des curés et des conseillers municipaux.

Une foule immense, pleine d'un enthousiasme indicible, se pressait des deux côtés de la haie et accueillait le cortège aux cris de : Vive l'Empereur ! Vive l'Impératrice ! Vive le Prince impérial !

L'Empereur et l'Impératrice étaient visiblement émus d'un accueil aussi chaleureux. L'Empereur s'est découvert à plusieurs reprises. Quant à l'Impératrice, elle saluait à droite et à gauche avec cette grâce et cette bienveillance dont elle a le secret, ce qui lui a immédiatement conquis tous les cœurs.

Le trajet de la gare à la Cathédrale n'a été qu'un long triomphe d'enthousiasmes et d'acclamations.

Arrivés à l'entrée de la Cathédrale où les avaient précédés les autorités et les corps constitués, l'Empereur et l'Impératrice ont trouvé Mgr Billiet, archevêque de Chambéry, à la tête de son clergé. Le Prélat accueillit l'Empereur et l'Impératrice par les paroles suivantes :

SIRE,

La population que Votre Majesté vient d'acquérir en Savoie et dont une partie accourt avec tant d'empressement sur votre passage et se presse en ce moment sous ces voûtes sacrées est animée de sentiments sincèrement religieux et disposée à placer les intérêts de sa foi avant tous les autres intérêts.

Aussi éprouve-t-elle une douce consolation en voyant que Votre Majesté vient aujourd'hui se prosterner avec nous au pied des mêmes autels. Nous prierons le Ciel tous ensemble de répandre ses bénédictions sur notre annexion à la France afin que les suites en soient heureuses et durables.

Cette fête en sera la véritable consécration. Nous le prierons de répandre ses bénédictions sur Votre Majesté pour la conservation de ses jours et la prospérité de son règne, parce que nous savons combien la vie et tous les succès dépendent de Dieu. Nous exprimerons aussi à Votre Majesté l'espérance qu'elle continuera à user de la haute puissance que le Ciel lui a donnée pour protéger l'Eglise catholique en Italie, en Syrie, en Chine, partout où elle a des épreuves à subir. Le nom de la France est grand et respecté jusqu'aux extrémités du monde, et aujourd'hui le sceptre de la France est dans vos mains. Sire, nous prierons Dieu aux pieds des autels de récompenser généreusement tout ce que vous aurez fait pour lui.

MADAME,

Vous éprouverez, sans doute, une émotion religieuse en entrant pour la première fois dans cette église de Savoie. Nous devinons facilement tout ce qu'il y a de pieux sentiments dans le cœur d'une épouse et d'une mère ornée de si nobles vertus, tout ce qu'il y a de vœux ardents pour la conservation des jours de l'Empereur, et de sollicitude pour l'avenir de ce jeune Prince impérial au devant duquel s'ouvre un si vaste horizon.

Madame, nous partageons ces nobles sentiments et en nous prosternant tout à l'heure au pied de cet autel, dédié à Saint François de Sales, nous unirons nos prières à vos prières et nous demanderons à Dieu pour vous, pour l'Empereur, pour le Prince impérial et pour la France tout ce que vous lui demanderez vous-même.

L'Empereur a répondu que ce n'était pas sans émotion, en effet, qu'il entrait pour la première fois dans une église qui rappelait tant de souvenirs ; que le clergé de Savoie ne devait pas perdre de vue que la France tiendrait toujours à honneur d'être le plus ferme appui de la religion.

Après le *Te Deum*, Leurs Majestés se rendirent au château des ducs de Savoie, devenu hôtel de la Préfecture.

Après quelques instants de repos au château, Elles ont pris place sur une estrade élevée devant le perron du château où ont été admises un grand nombre de notabilités de la ville et de personnes de la maison de l'Empereur et de l'Impératrice (1) ; puis un défilé auquel ont eu l'honneur de prendre part les pompiers, les médaillés de Sainte-Hélène et les députations des communes, s'est effectué devant

---

(1) L'Empereur est accompagné par le général de division Le Bœuf, aide-de-camp ; le général Fleury, premier écuyer, aide-de-camp ; M. le vicomte de Laferrière, chambellan ; les capitaines baron Klein de Kleinenberg, marquis de Gallifet, officiers d'ordonnance ; par son premier médecin, le docteur Conneau, et par le comte de Castelbajac, écuyer.

L'Impératrice est accompagnée par Mme la comtesse de la Poëze, Mme de Sency, la comtesse de Rayneval, dames du palais, et par le marquis de Lagrange, écuyer. Au départ de Lyon, Son Excellence le maréchal comte de Castellane a fait partie de la suite de l'Empereur pendant le voyage en Savoie.

Leurs Majestés aux cris de : Vive l'Empereur ! vive l'Impératrice ! vive le Prince impérial !

Pendant le défilé, la musique de la ville, placée devant le perron, a joué à plusieurs reprises l'air de la Reine-Hortense : *Partant pour la Syrie*.

Les députations de ces communes étaient pour la plupart accourues de très loin ; elles avaient toutes leurs bannières. On reconnaissait à leurs costumes pittoresques et à leur bâton ferré les habitants de la Maurienne et de la Tarentaise.

Ces braves gens qui avaient presque tous bivouaqué sur la place publique laissaient éclater leur enthousiasme.

La médaille de Sainte-Hélène décorait un grand nombre de poitrines. Les vieux soldats du premier Empire sont encore nombreux en Savoie. La vie est longue dans les montagnes. Ces missionnaires de la foi napoléonienne ont conservé et propagé parmi les leurs, sur les sommets neigeux, le culte et les traditions de l'époque impériale.

Le défilé se termina par les enfants des écoles d'asile au nombre de trois ou quatre cents. Chacun portait à la main un drapeau rose et bleu. Cette partie du défilé n'était pas la moins intéressante.

A sept heures, Leurs Majestés ont donné à la Préfecture un grand dîner. L'Empereur avait à sa droite, Son Excellence le maréchal de Castellane, et à sa gauche Mgr Billiet. M. le marquis Costa de Beauregard et M. le baron d'Alexandry avaient l'honneur d'être placés le premier, à la droite, le second, à la gauche de l'Impératrice. Parmi les autres invités, les deux prélats de Saint-Jean-de-Maurienne et de Moûtiers, le général Bourbaki ; M. Dupasquier, premier gouverneur de la Savoie ; le comte Greyfié de Bellecombe, M. de Martinel, le comte de Boigne, le baron Girod de Montfalcon, M. T. Chapperon, M. Charles Bertier, maître des requêtes au Conseil d'Etat ; M. le premier Président Girod, M. Millevoye, procureur général ; le comte Milliet de Saint-Alban ; Messieurs Forest et Martin, anciens syndics de Chambéry, etc., etc.

Avant le dîner, retardé par l'absence prolongée des envoyés de Sa Majesté Victor-Emmanuel, Messieurs Farini et Cialdini, Leurs Majestés ont daigné adresser plusieurs fois la parole aux invités.

MM. Farini et Cialdini, venus après le dîner, ont eu l'honneur d'être reçus en audience particulière par Leurs Majestés.

L'Empereur s'est entretenu longuement avec M. le Maire de

Chambéry et avec M. le marquis Costa de Beauregard des intérêts du pays et des améliorations à faire dans la ville de Chambéry, et, à la suite de cet entretien, Sa Majesté a assigné à M. le baron d'Alexandry pour le lendemain une audience dans laquelle ces questions seront traitées.

L'Empereur s'est promené un instant dans le Grand Jardin. La santé de Sa Majesté l'Impératrice ne lui a pas permis d'accompagner l'Empereur dans cette promenade. A dix heures, Leurs Majestés ont tenu cercle. La baronne d'Alexandry et la marquise d'Oncieu de la Bâtie offrirent à Sa Majesté l'Impératrice, au nom de la Ville de Chambéry, deux robes en gaze de Chambéry et en velours à la reine, spécialité de la maison Martin-Franklin. M. Dieu, préfet de la Savoie, et Mme Dieu présentèrent à Leurs Majestés les personnes invitées. Citons au passage : le baron de Viry et la baronne de Viry qui fut dans la suite nommée dame du palais de Sa Majesté l'Impératrice. Le baron Francisque du Bourget et la baronne du Bourget (1), qui présenta elle-même à Leurs Majestés ses deux fils les comtes Everard et Alexandre de Wurtemberg. L'Empereur causa longtemps avec la baronne du Bourget qu'il avait connue dans sa jeunesse sur le lac de Constance lorsqu'il habitait le château d'Arenenberg avec sa mère la reine Hortense; le comte Alphonse de Foras, qui fut nommé par l'Empereur Consul de France à Gênes; le général et Madame Vergé; le baron Decouz, venu remercier Leurs Majestés d'avoir bien voulu accepter d'être le parrain de son second fils, né le matin même.

Pendant la soirée Leurs Majestés ont envoyé à plusieurs reprises s'assurer de l'état du temps, manifestant le désir de voir les illumina-tions. Malheureusement la pluie qui tombait ne leur a pas permis de sortir. Jamais notre ville n'avait vu d'illuminations pareilles à celles qui ont eu lieu. Les sentiments d'affection et de reconnaissance enthousiaste de la population se sont traduits tout entiers dans cette manifestation extérieure. Nous ne croyons pas que rien de plus géné-ral et de plus splendide se soit jamais fait en France.

La ville était resplendissante. Depuis l'hôtel du riche jusqu'à la mansarde du pauvre, pas une fenêtre qui n'eût son rideau de lumière. C'était à la fois un coup d'œil admirable et un fait émouvant. Les

---

(1) La baronne du Bourget, née comtesse Festetics de Tolna, était veuve de S. A. le comte Alexandre de Wurtemberg.

transparents étaient nombreux; tous témoignaient de l'allégresse et de la reconnaissance d'une population qui se félicite de jour en jour davantage d'être réunie à la France.

Journée du 28 Août

Dès six heures du matin, l'Empereur travaillait dans son cabinet avec M. le baron d'Alexandry et M. l'Ingénieur en chef des ponts et chaussées. Après une étude sérieuse des besoins de notre ville, l'Empereur prenait la décision qui, en échange de quelques bâtiments constituant pour la ville une charge assez lourde dont elle est désormais exonérée, assurait à Chambéry une somme considérable à l'aide de laquelle notre cité sera dotée :

D'un hôtel de ville;

D'un jardin public;

D'un marché couvert;

D'une route partant du Champ de Mars et allant aboutir à Maché, c'est-à-dire créant des éléments pour un nouveau quartier qui, en même temps qu'il l'embellira, agrandira la ville aujourd'hui trop à l'étroit dans sa ceinture;

D'une large route partant de la caserne de gendarmerie et allant aboutir au faubourg Nezin, à ce quartier dont les habitants semblaient comme des ilotes déshérités à tout jamais des avantages de la vie en commun avec le reste de la ville.

Nous sommes bien aise de faire remarquer que l'Empereur n'a pas voulu grever la ville des frais d'établissement des routes dont nous parlons; lesquels s'élèveront à une somme considérable, et que pour cela Sa Majesté a adopté une combinaison digne d'un esprit pratique autant qu'élevé, et qui consiste à prolonger la route de France en Italie jusqu'à la caserne de gendarmerie. Cette combinaison permettra de mettre les travaux à la charge de l'Etat; la route en question étant route impériale et offrira en outre l'immense avantage d'une percée réclamée de tout temps et qui mettra le faubourg Nezin en communication avec tout le côté Est de la ville.

Ces travaux ayant occupé l'Empereur jusqu'à l'heure du déjeuner, la promenade en ville, qui devait avoir lieu le matin, a été retardée, et l'Empereur et l'Impératrice ont décidé de ne sortir que dans l'après-midi.

Les réceptions officielles ont eu lieu de une heure à trois heures, dans le grand salon du Château, où se tenaient avec l'Empereur et l'Impératrice, 'es dames d'honneur et les officiers de la maison de l'Empereur.

Mgr l'Archevêque a été admis le premier. Sa Grandeur était suivie de ses grands vicaires, du Chapitre métropolitain et de tous les prêtres présents à Chambéry que l'Empereur avait voulu qu'on introduisît. Notre vénérable et bien-aimé Prélat a reçu des mains de l'Empereur la croix de Commandeur de son ordre de la Légion d'Honneur, distinction qui prouve l'estime particulière dans laquelle l'Empereur tient le chef du clergé de la Savoie. Avant de prendre ces insignes Monseigneur a adressé à l'Empereur et à l'Impératrice les paroles suivantes :

SIRE,

En votant pour l'annexion à la France, le clergé de ce diocèse n'a point manqué au respect dû à la royale Maison de Savoie (1); nous avons voté à l'unanimité le 22 avril, parce que le roi Victor-Emmanuel nous avait cédés par le traité du 24 mars. Dès lors notre séparation du Piémont devenait une nécessité. Nous avons voté par raison et par réflexion. Notre annexion n'en sera que plus solide et plus durable. Sire, Votre Majesté a promis de traiter la Savoie avec bienveillance. Vos bienfaits, comme une douce chaîne, contribueront aussi à cimenter notre union. Comme prêtres, ce que nous avons à cœur avant tout, ce sont les intérêts de la religion, ceux de l'Eglise, ceux du Saint-Siège et la liberté de travailler au salut des âmes. Nous mettons pour tout cela notre confiance en la protection de Votre Majesté. Sire, le clergé de Savoie a toujours été soumis, respectueux et fidèle envers ses princes. Vous devenez aujourd'hui notre souverain légitime, nous venons déposer à vos pieds l'hommage des mêmes sentiments de soumission, de respect et de fidélité.

MADAME,

Quoique la vertu soit assez grande par elle-même pour ennoblir le pauvre dans sa chaumière, cependant quand elle se trouve réunie à la majesté du trône, et d'un trône aussi élevé que celui de la France, elle prend un éclat qui la rehausse et la rend plus digne encore d'éloge et d'admiration. Madame, c'est l'ensemble des nobles vertus qui vous distinguent, qui nous rendent aujourd'hui cette vérité sensible. Nous prions le Ciel de vous accorder des jours longs et heureux, pour que longtemps encore vous puissiez édifier la France par vos exemples, faire le bonheur de l'Empereur et celui de ce jeune Prince impérial duquel la France entière attend son avenir, et aussi pour que longtemps encore les souffrances du pauvre puissent être adoucies par votre généreuse charité.

---

(1) Voir, à la fin de la brochure, la proclamation de S. M. le Roi Victor-Emmanuel aux populations de la Savoie.

L'Empereur a répondu, comme il l'avait déjà fait, « que le clergé de Savoie pouvait être convaincu de sa volonté de rester le plus ferme appui de la religion catholique ».

Le Conseil général, ayant à sa tête M. le marquis Costa de Beauregard, a été reçu après le Clergé; puis sont venus successivement le Conseil municipal, ayant à sa tête M. le baron d'Alexandry, maire de la ville; la Cour, en robes rouges, précédée de son premier président M. Girod; le Tribunal; le Corps universitaire, en tête duquel M. Zévort, vice-recteur de l'Académie, lequel a adressé à Sa Majesté le discours suivant :

SIRE,

J'ai l'honneur de déposer aux pieds de Votre Majesté les respectueux hommages du corps enseignant.

Appelé par votre confiance à doter la Savoie des saines et fortes études que vous avez fait fleurir sur tout le sol de la France, nous avons trouvé la tâche facile, car nous étions déjà dirigés par votre pensée, précédés de l'éclat de votre nom, et couverts en quelque sorte par la gloire que vous avez répandue sur toutes nos institutions.

La Savoie, habituée depuis longtemps à tourner vers vous ses regards, sœur de la France par ses nobles aspirations, comme par l'origine, entre avec bonheur dans la nouvelle sphère que vos pacifiques conquêtes ont ouverte au génie de ses laborieux habitants. En prenant possession de votre gloire, elle met, en retour, au service de Votre Majesté sa loyauté éprouvée, son intelligence, son amour du travail, une généreuse émulation de parcourir avec honneur la carrière où vous nous guidez pour le bien de l'humanité et le progrès de la civilisation.

Notre devoir est de seconder, de diriger ses heureuses tendances : pour l'accomplir, pour répondre à vos desseins, il nous suffira d'avoir présent à la pensée ce que vous avez voulu, ce que vous avez réalisé depuis dix ans. A la jeunesse de nos écoles, nous montrerons la religion honorée sous votre sceptre; la vertu et le mérite recherchés et mis en lumière; la France calme et confiante au milieu des agitations de l'Europe, parce qu'elle se sent appuyée sur votre bras; sûre d'elle-même et de ses destinées parce qu'elle peut, obeissant aux inspirations de Votre Majesté, donner libre carrière à l'entraînement providentiel qui la porte à se dévouer à toutes les nobles causes. Pour former une génération énergique, amie du devoir, inviolablement attachée à Votre Majesté et à votre dynastie, nous n'aurons qu'à citer un exemple, ce que la France admire en vous, ce que l'Europe nous envie, l'élévation et la droiture des intentions, unies à une volonté qui ne connaît point d'obstacles, parce qu'elle met au service du bien une persévérance inébranlable.

MADAME,

L'annexion d'une province à la France étend le cercle où aime à s'exercer votre inépuisable bonté. A peine vous avez mis le pied sur notre sol, et déjà j'ai reçu mission de soulager en votre nom d'honorables infortunes : que Votre Majesté en soit bénie. La Savoie avait devancé vos bienfaits par son admiration, par son amour. Pour nous, instruments dévoués de vos pieuses pensées, nous regarderons comme notre plus douce récompense le dévouement enthousiaste qui s'attache à votre nom et à celui du fils bien-aimé que vous instruisez à continuer un jour la grandeur et le bonheur de la France.

Après le corps universitaire sont venus successivement les corps constitués et les fonctionnaires de tous ordres dans l'ordre de préséance réglé par le décret de brumaire.

Parmi eux figurait l'Académie impériale des Sciences, Belles-Lettres et Arts de Chambéry, dont le secrétaire perpétuel, M. l'Abbé Chamousset, a adressé à l'Empereur les paroles suivantes :

SIRE,

L'Académie impériale des sciences, belles-lettres et arts de Savoie est heureuse de pouvoir, en ce jour solennel, déposer aux pieds de Votre Majesté l'hommage de sa fidélité, de son dévouement et de sa vive reconnaissance. Le titre d'Académie impériale que vous lui avez permis de porter, est un premier bienfait dont nous travaillerons à nous rendre de plus en plus dignes.

Votre règne n'est pas seulement illustré par l'éclat des victoires remportées au dehors et par l'ordre solidement établi dans l'administration intérieure de l'Empire, il l'est surtout par l'impulsion donnée par Votre Majesté aux études sérieuses, aux lettres et aux arts : c'est par là que vous avez assuré à la France la suprématie de l'intelligence et les richesses morales et matérielles.

Votre Majesté poursuit avec succès et accomplit les destinées du premier Empire ; Napoléon Ier se montra constamment, pendant sa glorieuse carrière, le protecteur de la science et des hommes qui s'y consacrent. En partant pour la Syrie à la tête de ses légions invincibles, il s'était fait accompagner par une légion non moins célèbre de savants, parmi lesquels nous remarquons un Savoisien, Berthollet, membre de notre Société. Pendant toute la durée du premier Empire, nous voyons avec bonheur des Savoisiens se distinguer par leur bravoure dans ses armées, par leur science dans ses académies.

On a dit avec raison que la Savoie était naturellement française par sa langue et par la communauté des pensées et des sentiments dont la langue est l'expression et le symbole : on n'a pas dit toute la vérité. La Savoie, plus qu'aucune autre province de votre grand Empire, a assisté et coopéré à la formation de la langue française, la plus belle de toutes les langues de l'univers. En 1607, deux illustres Savoisiens, saint François de Sales et le président Favre, fondèrent l'Académie Florimontane, la plus ancienne de toutes les Sociétés savantes qui furent créées dans les pays qui parlent le français. Les œuvres de l'Evêque de Genève sont les premières qui aient établi que la langue française surpasse toutes les autres langues par sa richesse, sa précision et ses charmes. Le premier dictionnaire français est dû à un autre Savoisien, Vaugelas, qui lui-même avait puisé ses leçons sur la langue française dans l'Académie Florimontane, avant de devenir un des plus célèbres oracles de la langue dans le sein de l'Académie fondée à Paris par le cardinal de Richelieu.

A la fin de la grande révolution, qui avait fait table rase de toutes les institutions scientifiques de la Savoie, des hommes célèbres par leur savoir et leurs vues élevées, parmi lesquels nous comptons avec orgueil les Joseph et Xavier de Maistre, Berthollet, créateur de la chimie moderne, les Bouvard, les Nicollet et bien d'autres, tous enfants de notre belle Savoie, recueillirent l'héritage scientifique de nos pères, adoptèrent la devise (*Flores et Fructus*) et l'emblème (*l'oranger*) de l'Académie Florimontane, et donnèrent naissance à l'Académie impériale de Savoie, qui a, en ce moment, l'honneur de paraître devant Votre Majesté.

SIRE,

Notre ambition la plus ardente est de continuer, dans la mesure de nos forces, l'œuvre de nos devanciers. Nous nous sentons vivement animés par la protection puissante et efficace que Votre Majesté ne refuse jamais à ceux qui se dévouent au progrès des sciences, des lettres et des arts utiles.

Nous prenons la liberté de solliciter en ce moment une faveur qui nous sera bien précieuse. Daignez nous permettre, Sire, de vous offrir un exemplaire des Mémoires que l'Académie impériale de Savoie a publiés jusqu'à ce jour ; ce sera la plus noble récompense de nos travaux passés et un encouragement fécond pour l'avenir.

Vive l'Empereur ! Vive la Famille Impériale !

A mesure que se présentaient les personnes auxquelles Sa Majesté avait daigné accorder des décorations, l'Empereur leur apprenait gracieusement qu'elles étaient l'objet de cette distinction, et leur en remettait lui-même les insignes en adressant à chacune d'elles des paroles pleines de bienveillance.

Sa Majesté l'Impératrice reçut ensuite dans le grand salon du Château les demoiselles (1) admises à la complimenter ainsi que les dames de la ville. Sa Majesté a fait à chacune un sourire gracieux dont le souvenir vivra éternellement dans les cœurs. Elle a daigné faire cadeau d'un bijou à la jeune fille qui l'a complimentée, ainsi qu'à celle qui lui a présenté un bouquet. De fort beaux bracelets ont été remis à plusieurs dames de la ville (2).

Aussitôt après les réceptions, Leurs Majestés sont montées en voiture pour visiter rapidement les rues de la ville et faire une promenade dans la campagne. Deux voitures, dans lesquelles étaient les

---

(1) Mlles Elisa d'Oncieu de Chaffardon et Hélène Michaud.
(2) Mme Dieu, la baronne d'Alexandry et la marquise d'Oncieu de la Bâtie.

dames d'honneur et plusieurs généraux, suivaient celle de l'Empereur. M. Le Préfet et M. le Maire étaient dans la voiture de Leurs Majestés.

Le cortège, précédé d'un piquet de gendarmerie, de deux piqueurs, d'un détachement des cent gardes et suivi d'un détachement de lanciers, a pris par la rue de Boigne et s'est engagé dans la rue Juiverie par le haut de la place Saint-Léger. Il a ensuite parcouru successivement la rue du Collège, la place du Palais de Justice, le boulevard, le pont du Reclus, la Boisse.

A l'entrée de la commune de La Motte, une jeune fille a. eu l'honneur d'offrir un bouquet à S. M. l'Impératrice. Leurs Majestés ont été reçues par le Conseil municipal et M. le Curé, qui leur a adressé un compliment qu'elles ont écouté avec intérêt. Leurs Majestés ont été également reçues à l'entrée de la commune de Bissy par le Conseil municipal et par M. le Curé.

Là encore un bouquet a été offert à Sa Majesté l'Impératrice par la charmante petite fille de M. l'avocat Frumy, maire de la commune.

Après avoir traversé Bissy, Leurs Majestés se sont rendues au château de Montgex où elles ont été reçues par M. le marquis et Mme la marquise d'Oncieu de la Bâtie, d'où elles ont admiré le magnifique bassin de Chambéry, et pu voir à l'horizon les cimes neigeuses de nos montagnes. Pendant la visite faite par Leurs Majestés à l'établissement du Sacré-Cœur une petite fille a récité avec beaucoup de grâce et d'intelligence une pièce de vers remarquable relative à la présence de Leurs Majestés, et aux espérances qu'elle fait concevoir. Les sourdes-et-muettes, élevées dans l'établissement, ont été ensuite introduites. Leur maîtresse a récité à Leurs Majestés un compliment que ces enfants traduisaient en gestes à mesure qu'il était prononcé. Leurs Majestés ont suivi cet exercice avec un vif intérêt ; et Sa Majesté l'Impératrice a fait adresser diverses questions à quelques enfants qui ont répondu avec beaucoup d'intelligence.

En quittant le Sacré-Cœur, Leurs Majestés sont rentrées au Château et ont, pendant le trajet, manifesté à M. le Préfet et à M. le Maire leur satisfaction des décorations intérieures de la ville, et ont paru excessivement heureuses d'un accueil aussi parfait de la part des habitants de Chambéry. La campagne leur a paru fort belle, et elles ont plusieurs fois exprimé leur admiration pour cette riche nature et ces sites si pittoresques. Partout sur leur passage, l'Empereur et l'Impératrice ont reçu les témoignages de la plus profonde affection et de la plus respectueuse sympathie. Les cris de : *Vive l'Empereur ! vive l'Impératrice ! vive le Prince impérial !* les ont suivis partout.

Le bal offert par la ville à ses augustes visiteurs, dans la salle du Théâtre, richement ornée et gracieusement décorée pour cette solennité, a été splendide. Les loges, depuis les premières jusqu'aux quatrièmes, étaient garnies de quatre rangs de dames en toilettes de bal. La salle était occupée par un triple rang de danseuses et par une foule compacte d'hommes. Toutes les toilettes des dames étaient fort brillantes et très élégantes. La gaze de Chambéry, la dentelle, la soie, les fleurs et les diamants offraient un coup d'œil ravissant.

Leurs Majestés sont arrivées à neuf heures et demie. A leur entrée dans la salle, Elles ont été accueillies par un immense cri de : Vive l'Empereur ! vive l'Impératrice ! vive le Prince impérial ! Ces cris se sont prolongés avec un enthousiasme extraordinaire, pendant que Leurs Majestés faisaient le tour de la salle et jusqu'au moment où Elles sont allées prendre place sur le trône qui avait été disposé pour Elles dans le fond de la salle.

L'orchestre, dirigé par M. Portehaut et composé de ses musiciens et de quelques musiciens de la ville, a joué l'air de la *Reine-Hortense* : *Partant pour la Syrie.* Après quoi Leurs Majestés ont daigné ouvrir le bal par un quadrille composé :

L'Empereur et Mme la baronne d'Alexandry.

L'Impératrice et M. le marquis Costa de Beauregard.

M. le Préfet et Mme la comtesse de Rayneval.

M. le Maire et Mme la comtesse de la Poeze.

M. le général Vergé et Mme la baronne de Sancy.

M. le premier Président et Mme Vergé.

M. le Procureur général et Mme Louis Dénarié.

M. le général le Bœuf et Mme la baronne de Viry.

M. le général Froissard et Mme la marquise d'Oncieu de la Bâtie.

M. le général Mollard et Mme Dieu.

Leurs Majestés se sont retirées vers minuit, en manifestant leur satisfaction des dispositions qui avaient été prises et qui leur permettaient de jouir sans fatigue de cette brillante soirée. On a remarqué l'air de satisfaction répandu sur le visage de Leurs Majestés.

Journée du 29 Août

Le 29, jour de leur départ pour Aix-les-Bains, Leurs Majestés ont visité les établissements publics. Sa Majesté l'Impératrice qui, on le sait, a sous son auguste patronage tous les établissements hospitaliers de France destinés à l'enfance et aux orphelins, a voulu voir la salle d'asile, établissement modèle qui fait honneur à la ville. Elle était accompagnée de M. le Maire. Sa Majesté s'est montrée très satisfaite et a daigné, à plusieurs reprises, féliciter les vénérables Sœurs qui dirigent cet établissement (1).

De son côté, l'Empereur, accompagné du maréchal de Castellane, du général Froissard et de M. le Préfet, s'est rendu aux casernes. Un grand nombre d'officiers de la garnison suivaient Sa Majesté, qui a parcouru successivement le rez-de-chaussée et le premier étage et est entrée dans trois chambres de soldats. L'Empereur a aussi visité les cuisines, et une somme assez ronde a été mise par son ordre à la disposition des chefs de corps pour l'amélioration des ordinaires.

De la caserne d'infanterie, l'Empereur s'est rendu à la caserne de cavalerie qu'il a également visitée en détail.

Cette sortie de Leurs Majestés a été pour la population de notre ville une nouvelle occasion de manifester son enthousiasme et son respect. Les acclamations et les cris de : Vive l'Empereur ! vive l'Impératrice ! vive le Prince impérial ! n'ont cessé de les accompagner.

Ce n'est pas sans orgueil que les habitants de Chambéry et les populations savoisiennes accourues pour assister à ces fêtes ont remarqué la confiance que leur a témoignée l'Empereur. Aucun déploiement de forces n'a été ordonné et, sauf les officiers de leur maison, Leurs Majestés sont constamment sorties seules. Cette confiance, que nous constatons avec joie, prouve que l'Empereur connaît bien les Savoisiens, et elle ajouterait encore à leur dévouement s'il était possible.

---

(1) Sa Majesté l'Impératrice était accompagnée de Mme la comtesse de la Poëze et du marquis de Lagrange. Elle fut reçue par Mgr l'Archevêque, entouré de Mgr Vibert, évêque de Maurienne ; de M. le Vicaire général Chamousset, de M. Zévort, vice-recteur de l'Académie ; de la Révérende Mère Marie-Félicité Veyrat, de Mme la Présidente comtesse Eugène Costa de Beauregard et des Dames de Marie.

A midi Leurs Majestés se sont rendues à la gare où elles ont pris le chemin de fer pour Aix. Sur leur passage, elles ont été, comme le premier jour, l'objet d'une véritable ovation populaire. La ville avait conservé et elle conserve encore un air de fête.

Le train impérial s'est mis en marche au milieu des acclamations des autorités et des personnes accourues à la gare pour saluer Leurs Majestés. M. le Préfet et M. le général Vergé ont accompagné Leurs Majestés à Aix et jusqu'à la limite du département de la Savoie.

Proclamation de M. le Maire de Chambéry

CHERS CONCITOYENS,

Je suis heureux d'être l'interprète des sentiments de l'Empereur qui m'a chargé de témoigner en son nom, à l'excellente population de cette ville, toute sa satisfaction pour l'accueil si sympathique dont Leurs Majestés ont été l'objet.

« Si les habitants de cette ville, m'a dit l'Empereur, me sont dévoués, moi aussi je les aime; je me souviendrai toujours de mon passage à Chambéry. »

CHERS CONCITOYENS,

Qu'il me soit permis, à mon tour, de vous remercier d'avoir répondu avec tant d'empressement à l'appel que j'ai fait à votre patriotisme.

On est heureux d'administrer, lorsqu'on est secondé par une population comme celle de Chambéry. Merci à tous !

Vive l'Empereur !
Vive l'Impératrice !
Vive le Prince Impérial !

Chambéry, le 29 août 1860.

Le Maire, D'ALEXANDRY.

A AIX-LES-BAINS

Journée du 29 Août
(Suite)

L'arrivée de Leurs Majestés à Aix-les-Bains a eu lieu à midi 20 minutes ; mais dès le matin, une foule non moins grande, comparaison gardée, que celle qui remplissait lundi et mardi les rues de Chambéry, encombrait littéralement toute la petite ville d'Aix.

Tous les alentours de la gare étaient garnis d'une masse compacte. De là, jusqu'à l'entrée de la ville, la haie était formée par la compagnie de sapeurs-pompiers, musique en tête, par les élèves des écoles chrétiennes de la ville, portant chacun un drapeau.

En descendant de wagon, Leurs Majestés étaient vivement émues du nombre de spectateurs et des acclamations de la foule.

Le premier soin de l'Empereur a été de remettre la croix de la Légion d'Honneur à M. Dégaillon, ancien soldat de l'Empire, que M. le Préfet lui a présenté.

L'Empereur a dit : « Je vous remets avec plaisir cette distinction méritée par vos anciens et bons services ».

Avant de passer sous la tente où l'attendaient les autorités, l'Empereur a promené longtemps ses regards sur l'horizon qui se déroule des prairies d'Aix aux montagnes du Granier et d'Entremont entre deux vertes rangées de collines. Son regard s'est arrêté sur la plus rapprochée et la plus riante, celle de Tresserve, et sur la « Maison du Diable », où son auguste mère aimait déjeuner, qu'elle nommait son hermitage et qu'elle avait même eu l'intention d'acquérir. Entrées sous la tente, M. Brachet, maire de la ville, au milieu de tous les maires du canton, a présenté à Leurs Majestés les hommages de la cité en quelques mots : « Sire, votre présence dans cette ville est pour nous « tous un souvenir et une espérance ; le souvenir, c'est votre auguste « mère ; l'espoir, c'est vous, Sire, c'est votre gracieuse compagne et « le prince qu'elle a donné à la France….. »

Puis M. le Curé d'Aix, entouré de tous les prêtres des paroisses voisines et de plusieurs des plus reculées, a lu un discours vivement senti.

Alors, et tandis que l'Empereur s'entretenait quelques instants avec dom Charles, l'un des moines de l'Abbaye d'Hautecombe, l'Impératrice s'approchait du groupe de jeunes filles ; Mme Forestier les lui présentait en lui disant : « Madame, nous présentons à Votre Majesté les enfants de la ville d'Aix ; ne pouvant mettre leurs vœux aux pieds du Prince impérial, elles les offrent à son auguste mère. » Mlle Eugénie Bertier lut un fort beau compliment à Sa Majesté :

MADAME,

C'est avec une bien douce émotion que nous venons déposer aux pieds de Votre Majesté nos sentiments d'admiration, de respect et d'amour.

Soyez la bienvenue parmi nous, Madame, vous qui, par vos grâces et vos vertus, personnifiez si bien l'impératrice Joséphine et la reine Hortense, gracieuses princesses dont la ville d'Aix conserve religieusement le souvenir.

Que Dieu, pour le bonheur et la gloire de la France, donne à S. M. l'Empereur, à vous, Madame, et au Prince impérial des jours longs et prospères ; c'est le cri de nos cœurs, c'est le vœu que je suis chargée de vous exprimer en vous offrant ces fleurs.

Vive l'Empereur ! Vive l'Impératrice ! Vive le Prince impérial !

Leurs Majestés sont ensuite montées dans leur voiture et le cortège s'est mis en marche à travers des vivats toujours plus animés.

Un arc de triomphe magnifique s'élevait à l'entrée de la ville et l'aigle gigantesque qui le dominait portait dans ses serres le nom de la *Syrie*, confirmant ainsi ces mots de l'Empereur à l'Europe : « Mon peuple le veut ».

Traversant la rue de Genève, la place Centrale et la rue des Bains, toutes pavoisées de drapeaux, de couronnes, de guirlandes et de sapins, Leurs Majestés sont venues mettre pied à terre devant l'établissement thermal où les attendaient M. Grandtoran, directeur des Bains ; M. l'Inspecteur général des services sanitaires, MM. les ingénieurs, l'architecte et la commission médicale ayant à sa tête son président le docteur Forestier, neveu des deux généraux Forestier. Sa Majesté, adressant le premier la parole à M. le président de la Commission médicale, s'est enquis d'abord du logement qu'avait occupé la reine Hortense durant son dernier séjour (la maison Ernest Domenget, place Centrale).

Puis, ramenant l'entretien sur l'établissement, Sa Majesté a reçu des mains de M. Forestier l'adresse de la Commission médicale résumant ses vœux.

Ensuite Leurs Majestés ont monté le grand escalier dont le décor de fleurs et de verdure charmait les regards. Leurs Majestés ont visité les bains en détail. Dans l'une des magnifiques *douches neuves*, deux doucheurs vêtus du caleçon flottant et de la veste sans manches, simulaient les manœuvres variées de la douche telle qu'elle se donne à Aix. Sa Majesté l'Impératrice a paru prendre plaisir à ce curieux spectacle.

Les plans de MM. François et Pellegrini pour les bains en voie d'achèvement, les études d'un nouvel hospice civil, étaient étalés sur une table ainsi que les projets de 1811; ceux-ci, dus à M. Trivelli, alors architecte départemental, relatifs à l'établissement thermal, à un grand hospice civil et militaire et à la transformation du vieux château d'Aix en résidence impériale. Sa Majesté a tout examiné avec une attention évidente, se faisant démontrer par leurs auteurs les plans nouveaux et les motifs de leur différence avec ceux du premier Empire. Puis Leurs Majestés ont demandé à voir l'*hospice*. Sortant à pied par la porte latérale qui s'ouvre au midi de l'établissement, Elles ont visité cette touchante fondation de la reine Hortense.

De là Leurs Majestés, marchant toujours à pied, se sont dirigées à travers la foule enthousiasmée de cette bienveillante démonstration jusqu'au Casino où les attendaient les administrateurs de cette belle institution, due on le sait aux sacrifices d'une société d'actionnaires d'Aix et de Chambéry. Parmi eux, on remarquait le chevalier de Martinel, député du collège d'Aix au Parlement de Turin pendant douze années, et M. Dégaillon.

Leurs Majestés ont fait le tour du salon où étaient venus les attendre la députation des dames et demoiselles de la ville, déjà présentées à la gare, trois rangs de dames élégantes, et derrière elles la majeure partie des abonnés du Casino. A l'air de la *Reine-Hortense*, exécuté par l'orchestre de M. Portehaut, se mêlèrent les vivats enthousiastes de l'assistance, et l'on comprenait que dans ces salons internationaux où Savoisiens et Français avaient dès longtemps une même espérance, c'était aujourd'hui un même bonheur. Leurs Majestés ont examiné avec attention les beaux portraits de Victor-Emmanuel et de Marie-Adélaïde qui ornent la grande salle des fêtes du Cercle depuis 1849. On sait que Leurs Majestés ont daigné accorder leurs portraits au Cercle d'Aix-les-Bains.

Quelques instants après, Leurs Majestés remontaient en voiture et se mettaient en route pour Annecy.

En passant devant la cascade de Grésy, Leurs Majestés descendent de voiture; car, en 1813, la reine Hortense, mère de l'Empereur, vint passer quelques jours à Aix-les-Bains, et là elle fit admirer toutes ses vertus. Un des plus doux loisirs de cette auguste princesse était de parcourir les campagnes environnantes et de semer partout ses bienfaits. Un jour, elle dirigea ses pas vers Grésy-sur-Aix, pour y visiter la cascade, lieu très pittoresque et sublime par les horreurs dont la nature l'a embelli. Là un douloureux événement l'attendait. Une de ses dames d'honneur, Mᵐᵉ la baronne de Broc, veut franchir l'espace qui sépare les deux rives. Elle descend sur une petite planche qui servait de passerelle; elle glisse, tombe dans le gouffre où elle périt sous les yeux de son amie. Un modeste monument rappelle aujourd'hui à ceux qui visitent ces lieux, le souvenir d'une fin aussi tragique, et la tradition redit encore les larmes amères qu'y versa une reine dont la plus belle qualité était la bonté.

LL. MM., qui, aux plus précieuses vertus, savent joindre le mérite d'un grand cœur, ont voulu visiter ces lieux où est encore vivante la mémoire d'une mère chérie. Depuis quelques jours à peine on connaissait le dessein de LL. MM.; mais n'importe, l'amour, le dévouement et l'attachement de nos populations opèrent des prodiges. L'énergie de M. le Maire et des autorités de la commune, l'activité de l'excellent et loyal propriétaire de ces lieux et le dévouement de nos populations, sont d'ailleurs à la hauteur de cette circonstance solennelle.

Le 29 août arrive, tout est prêt : trois beaux arcs de triomphe, une belle route ornée de guirlandes et de couronnes, les maisons, les arbres, les rochers, eux-mêmes, pavoisés de drapeaux aux couleurs de la France. Tout concourait à donner à ces lieux l'aspect le plus grandiose et en même temps le plus pittoresque. Dès le matin, un peuple nombreux était accouru; ivre de joie, il attendait avec impatience, quand tout à coup des détonations de boîtes se font entendre, et en même temps arrivent LL. MM., au milieu des vivats mille fois répétés. L'Empereur et l'Impératrice sont reçus par le Conseil municipal, par le clergé et par un grand nombre de personnes notables des communes voisines. M. le Curé prend alors la parole et adresse à l'Empereur un discours.

Sa Majesté l'a remercié affectueusement de ses vœux et de ses souhaits.

Quelques demoiselles vêtues de blanc s'avancent ensuite vers l'Impératrice et l'une d'entre elles lui présente un bouquet et lui adresse des paroles (que le *Courrier des Alpes* reproduit).

L'Impératrice l'a remerciée avec une bonté inexprimable, elle l'a baisée au front et lui a remis un souvenir bien précieux.

Leurs Majestés, accompagnées des autorités, descendirent pour visiter la cascade et les lieux témoins de la mort de Mme la baronne de Broc. Il était beau de voir Leurs Majestés oublier leur grandeur et adresser à ceux qui les entouraient des paroles aimables.

Un spectacle plus merveilleux attendait la foule déjà si émue : quelques instants après, on présente à Leurs Majestés un vieillard sep'uagénaire, dans un état voisin de l'indigence. C'était lui qui, en 1813, avait retiré du fond du gouffre l'infortunée victime. L'Empereur et l'Impératrice lui adressent quelques paroles et le quittent ensuite affectueusement en lui faisant remettre une récompense pour sa généreuse action.

Le moment de la séparation est enfin arrivé : les acclamations, les vivats suivent nos augustes visiteurs; l'enthousiasme de la multitude serait chose impossible à décrire.

Le souvenir de cette fête restera toujours gravé parmi nous et rien ne pourra le détruire. Ces rochers rediront à nos derniers neveux, en même temps que le nom de Napoléon III et d'Eugénie, leurs talents, leur grand cœur, leur charité, en un mot toutes les vertus qui constituent la véritable grandeur....

(Leurs Majestés ont traversé les communes de la Biolle, d'Albens, Saint-Félix et Alby; partout même enthousiasme des populations, mêmes acclamations.)

Il n'est pas de route plus pittoresque que celle qui conduit d'Aix-les-Bains à Annecy. Les Alpes s'y développent en collines, en ravins, en accidents de terrain variés à l'infini et qui offrent à chaque pas un panorama nouveau. C'est d'Alby à Annecy surtout, que se déroule ce magnifique spectacle. Alby est situé au fond d'une gorge creusée par les eaux du Chéran. A droite, on aperçoit des ruines de fortifications, d'un aspect imposant.

Après avoir traversé le Chéran, sur un pont de pierre d'une seule arche et d'une belle architecture, on gravit la côte opposée du ravin et l'on descend vers Annecy où l'on arrive par une belle avenue de plus de deux kilomètres.

A ANNECY

Journée du 29 Août

(Suite)

Le coup d'œil était admirable le jour de l'entrée de Leurs Majestés. Cette grande avenue d'Annecy, de laquelle on aperçoit la ville tout entière, était pavoisée de drapeaux et de guirlandes de fleurs.

A l'entrée de la ville, un grand arc de triomphe.

Une grande partie de la population s'était portée bien avant dans l'avenue à la rencontre des augustes visiteurs. Là étaient rangées les députations des communes avec leurs drapeaux, les vieux militaires de l'Empire, les enfants des écoles, etc. Au pied de l'arc de triomphe, le Maire présenta à l'Empereur les clefs de la ville et prononça un discours :

Sire,

Notre pays a un impérieux devoir de reconnaissance à remplir envers Votre Majesté, dont la main ferme et puissante a su le ramener dans le giron de la mère-patrie tout en lui épargnant la douleur et la honte d'une mutilation. Que cette main soit bénie éternellement par tout ce qui porte un cœur savoisien ! Daignez, Sire, accepter les clefs de notre ville, que j'ai l'honneur de vous présenter. Il faudrait qu'elles pussent être offertes à Votre Majesté par la population entièr., qui considère avec raison la présence au milieu d'elle de son nouveau souverain comme la dernière et solennelle consécration de l'inviolabilité de ses vœux.

Madame,

La ville de saint François de Sales est heureuse et fière de l'honneur qu'elle a de vous posséder quelques instants dans ses murs.

Elle sait que la visite de Votre Majesté est celle d'un ange de bonté, de douceur, de charité.

Daignez, Madame, accueillir les vœux qu'elle forme pour votre bonheur et pour la complète satisfaction de votre cœur d'épouse et de mère.

Vive l'Empereur ! Vive l'Impératrice ! Vive le Prince impérial !

Après les remerciments de l'Empereur et de l'Impératrice, Leurs Majestés firent leur entrée dans la ville qu'elles traversèrent presque complètement et arrivèrent à l'évêché qui avait été désigné comme résidence impériale.

Annecy n'a point encore de préfecture, et l'ancien château des Comtes du Genevois a été transformé en caserne.

A peine descendue de voiture l'Impératrice reçoit les députations des Dames de la ville. Leurs Majestés se dirigèrent ensuite vers la cathédrale pour assister au *Te Deum*. Arrivées à la cathédrale, M. le Prévôt du Chapitre adressa à S. M. l'Empereur l'allocution suivante :

SIRE,

Votre Majesté va pénétrer dans un sanctuaire dédié au prince des Apôtres, au chef de ce royaume spirituel qui, depuis deux mille ans, répand dans l'univers les lumières de la vérité et de la justice avec les douces influences de la charité.

Il me sera donc permis de rappeler ici qu'à l'exemple de Charlemagne, Votre Majesté a protégé et protège le trône impérissable du Vatican. Cette protection répandra sur votre nom une auréole immortelle. Sire, le programme n'admettant pas un discours, je n'ajouterai qu'un mot.

Les prières de saint François de Sales, celles de son diocèse tout entier, réunies aux prières de cet ange de bonté qui vous accompagne, obtiendront à Votre Majesté, nous en avons la douce confiance, des jours de plus en plus glorieux et prospères. J'en vois un excellent augure dans ce voyage triomphal de Vos Majestés à travers nos vallées, où retentit un cri universel de joie et d'enthousiasme. Tous les Savoisiens acclament avec amour et admiration le sauveur de la patrie et l'arbitre des destinées de l'Europe.

Sa Majesté répondit à M. le Prévôt par quelques paroles d'un affectueux remerciement. Après le chant du *Domine Salvum*, Leurs Majestés entrèrent, avec leur suite, au palais impérial, où leurs appartements avaient été préparés. Pendant ce temps, la foule massée dans l'étroite rue de l'Evêché n'avait cessé de faire entendre ses acclamations. Au bout de quelques instants, on vit paraître, sur le grand balcon, l'Empereur et l'Impératrice, qui venaient renouveler leurs gracieuses salutations. L'enthousiasme tint alors du délire, les drapeaux s'agitèrent aux fenêtres et dans la rue; les cris de : Vive l'Empereur ! Vive l'Impératrice ! Vive le Prince impérial ! eurent quelque chose de frénétique, et ne cessèrent que longtemps après que Leurs Majestés se furent retirées.

A sept heures eut lieu, au palais, le dîner de Leurs Majestés. Une soixantaine de personnes de choix furent admises à la table impériale. Avant le banquet, l'Empereur et successivement l'Impératrice s'entretinrent de la manière la plus bienveillante et la plus gracieuse avec chaque convive. A la nuit commença l'illumination générale de la ville, des édifices publics et des promenades.

Après le dîner et les réceptions officielles, Leurs Majestés assistèrent au spectacle, vraiment féerique, que présentait le lac d'Annecy splendidement illuminé.

Il était neuf heures et demie quand Leurs Majestés, en calèche découverte et accompagnées de leur suite, vinrent jouir du coup d'œil de l'illumination, arrivèrent sur les bords du lac. Des feux de joie ne formaient pas la partie la moins pittoresque de cette splendide illumination. Quelques-uns avaient été placés à plus de deux mille mètres de hauteur, sur des cimes où l'herbe ne croît plus et il avait fallu deux heures de marche pour apporter la pyramide de bois qui devait alimenter la flamme.

Tout autour sur les rives flamboyaient six autres feux de joie. C'étaient des tours de forme carrée dont l'incendie dura plus de deux heures. A tous ces feux éparpillés un peu partout, il faut ajouter des feux de Bengale flottant sur l'eau et très ingénieusement disposés.

La gondole, dans laquelle Leurs Majestés sont montées vers neuf heures et demie pour faire une promenade sur le lac, était garnie en velours vert frangé d'or avec des N et des E entrelacés. Les tentures étaient blanches et or ornées d'aigles.

Leurs Majestés ont pris place à l'arrière. La gondole était conduite par dix-huit rameurs en costume de canotier et escortée par deux grandes barques pavoisées et illuminées, sur lesquelles étaient montées les deux musiques de la ville et celle du 79ᵉ de ligne. Une foule de petites chaloupes, garnies de lanternes vénitiennes, se mirent à la suite de la gondole impériale, sillonnant le lac de leurs feux variés.

En avançant dans le lac, la gondole impériale variait à chaque instant le coup d'œil, que Leurs Majestés ne se lassaient pas d'admirer, et la promenade, qui, d'après le programme, ne devait durer que dix minutes, s'est prolongée jusqu'à onze heures.

Un tonnerre de vivats signala le retour de la gondole impériale. Leurs Majestés, visiblement émues, se penchaient en dehors de la balustrade et remerciaient avec effusion la population de ses marques d'attachement.

L'Impératrice, un peu souffrante au départ, avait éprouvé un mieux sensible dans le calme de la nuit et la fraîcheur du lac.

Il serait difficile de décrire l'enthousiasme de la foule au moment où Leurs Majestés ont mis pied à terre. Les acclamations les ont suivies jusqu'à l'Eveché, et elles retentissaient encore longtemps après que les voitures de la Cour eurent disparu.

Journée du 30 Août

Dans la journée de jeudi Leurs Majestés ont visité successivement le couvent de la Visitation; la manufacture, où elles ont été l'objet d'une ovation populaire; la salle d'asile, le pensionnat des Sœurs de Saint-Joseph, où un magnifique bouquet a été offert à l'Impératrice par une élève. Puis, vers trois heures, Leurs Majestés, favorisées par un temps magnifique, sont allées faire une promenade à Talloires, et sont revenues par le lac dans la gondole impériale. Sur tout le parcours, à Chavoires, à Veyrier, à Menthon, Leurs Majestés ont été acclamées par les populations qui avaient multiplié les arcs de triomphe en verdure. Leurs Majestés ont été émerveillées de la beauté des sites qui entourent le lac, de la magnificence du panorama vu dans son ensemble.

Le soir, les rues et les monuments publics s'illuminèrent spontanément et avec autant d'éclat que la veille, et un grand bal fut offert à nos augustes hôtes à l'Hôtel de Ville. De bonne heure l'élite de la société d'Annecy et des villes environnantes se pressaient dans les salons qui avaient été somptueusement décorés. Leurs Majestés sont arrivées à dix heures et ont traversé, au milieu de frénétiques ovations, la double haie formée de chaque côté par les dames.

Le maréchal de Castellane, MM. les généraux Lebœuf, Froissart, Fleury et Vergé formaient la suite de l'Empereur. L'Impératrice était suivie de plusieurs dames d'honneur.

Le quadrille d'honneur s'est formé aussitôt :

L'Empereur a dansé avec Mᵐᵉ Levet, et l'Impératrice avec M. Levet, maire de la ville.

L'Empereur était en costume de général de division et portait le grand cordon de la Légion d'Honneur. L'Impératrice avait une mise d'une élégante simplicité qui ajoutait à sa merveilleuse beauté. Une couronne éblouissante de diamants était placée sur son front. LL. MM. suivaient les danses avec bienveillance, avec un sourire de bonté qui fit bientôt cesser toute contrainte, toute timidité, chez les danseurs pour faire place à un seul et même sentiment, une vive affection pour nos souverains et la joie de les posséder.

A onze heures LL. MM. firent le tour des salons au milieu de nouvelles et chaleureuses acclamations. Les danseurs étaient tellement nombreux que le cortège impérial avait peine à se frayer un passage. L'Impératrice prodiguait des sourires avec une affabilité qui lui aurait gagné tous les cœurs si déjà ils ne lui avaient été acquis.

Leurs Majestés se retirèrent ensuite, accompagnées par les vivats les plus chaleureux.

Après le départ de Leurs Majestés, les danses ont continué et elles se sont prolongées jusqu'au jour.

L'Empereur a remis à M. le Maire d'Annecy une somme de 17,000 francs à répartir entre divers établissements religieux de bienfaisance, savoir :

10,000 francs pour l'œuvre de l'extinction de la mendicité (sur cette somme sont prélevés quelques secours à distribuer aux médaillés de Sainte-Hélène nécessiteux);

2,000 francs au couvent de la Visitation;

2,000 francs à l'œuvre des Filles repenties;

2,000 francs à l'établissement des Frères de la Doctrine chrétienne;

1,000 francs à la Salle d'asile.

Sa Majesté a donné en outre à M. le chevalier Laeuffer 500 francs pour les ouvriers malades de la manufacture, et 100 francs à M. le Maire de Talloires, pour les pauvres de la commune.

Ont été nommés chevaliers de l'ordre impérial de la Légion d'Honneur :

M. le chanoine Challamel, prévôt de la cathédrale, vicaire général capitulaire;

M. le chanoine Magnin, supérieur du grand séminaire;

M. Poncet, chanoine; Replat, avocat; Laeuffer, père, directeur de la manufacture; Dufour, ancien avocat général, à Rumilly; Girod, maire de Rumilly.

S. M. l'Impératrice a daigné donner à M. l'architecte Monnet une preuve de sa satisfaction pour le talent et le zèle qu'il a déployés dans les préparatifs de la fête sur le lac et de l'illumination, en lui faisant présent d'une riche épingle en diamants, ornée d'une perle fine.

La municipalité d'Annecy a offert à Leurs Majestés, qui ont daigné les accepter, deux grands tableaux d'un artiste d'Annecy, M. Paul Cabaud. Ces tableaux représentent deux vues du lac, prises, l'une de la promenade du Pâquier, l'autre du roc de Chère.

D'ANNECY A THONON

Journée du 31 Août

Leurs Majestés ont quitté Annecy, le lendemain, vendredi 31 août, à neuf heures du matin, se rendant à Thonon. Après avoir parcouru en poste 69 kilomètres, elles visitaient en passant Le Plot, La Roche, Bonne et Bons.

Leurs Majestés sont entrées à La Roche vers onze heures et demie au milieu des acclamations les plus enthousiastes. Elles étaient en calèche découverte et saluaient avec bienveillance les foules échelonnées sur leur passage. Un arc de triomphe avait été dressé à l'entrée de la ville et les autorités s'y étaient réunies. M. Pelloux, maire de La Roche, s'est avancé et a adressé un discours à l'Empereur.

Ce discours a été suivi des cris mille fois répétés de : Vive l'Empereur ! Vive l'Impératrice ! Vive le Prince impérial !

Mme Pelloux s'est ensuite approchée de la voiture de Leurs Majestés et, en remettant à l'Impératrice un bouquet, elle lui a dit un compliment.

En arrivant sur la place Saint-Jean, le cortège impérial a trouvé réunis devant l'église, M. le Curé, ses vicaires, les ecclésiastiques d'un grand nombre de communes voisines et les RR. PP. Capucins. Notre vénérable Curé a fait un compliment à l'Empereur qui lui a adressé des paroles bienveillantes de remerciement.

Pendant qu'on changeait de chevaux, l'Empereur s'est entretenu avec M. Dufour, commandant des pompiers.

La foule a pu contempler à loisir les traits de l'Empereur et de l'Impératrice, et elle n'a pas cessé de pousser les cris de : Vive l'Empereur ! vive l'Impératrice ; vive le Prince impérial !

La musique de la ville et les autorités, suivies d'une foule innombrable, ont suivi le cortège impérial jusqu'à la sortie de la ville, et les cris de vive l'Empereur ! vive l'Impératrice ! vive le Prince impérial ! retentissaient longtemps après que les dernières voitures eurent disparu.

Mlle Pelloux a reçu de l'Impératrice une jolie montre en or en échange du bouquet qu'elle lui a offert.

En quittant La Roche, Leurs Majestés ont traversé Reignier.

Leur présence a été une ovation continuelle sur un parcours de plus d'une heure. A la limite du canton, on avait élevé un arc de triomphe colossal d'un goût recherché et élégamment décoré aux couleurs françaises.

Plus de huit mille personnes, dont un grand nombre de Genève, étaient échelonnées des deux côtés de l'arc de triomphe.

A gauche, et sous l'arc était un cordon de dames; à droite M. le sous-préfet de Saint-Julien, M. le procureur impérial, les membres du tribunal, le consul français résidant à Genève; plusieurs conseillers généraux du département de la Haute-Savoie, les employés de l'arrondissement, le maire, plusieurs membres du Conseil et la musique de Saint-Julien, les maires, les conseils municipaux, ainsi que le clergé de tout le canton de Reignier, les anciens militaires supérieurs en uniforme, les grognards médaillés de Sainte-Hélène; enfin, plusieurs étrangers de distinction dont quelques-uns portaient la croix de la Légion d'Honneur.

La compagnie des pompiers de Reignier, avec cinq gendarmes, maintenait la foule.

Cette masse imposante de population était arrivée dès le matin, drapeaux déployés et tambour battant, quoique sachant que Leurs Majestés Impériales n'arrivaient qu'à midi.

A cette heure, en effet, a paru la voiture de l'Empereur et de l'Impératrice, sans escorte aux portières et précédée seulement par quatre gendarmes à cheval.

Leur présence a été saluée par les cris de : Vive l'Empereur ! vive l'Impératrice ! vive le Prince impérial ! poussés avec un tel élan, une telle unanimité qu'ils ont été entendus à plus d'une heure et répétés par les échos des montagnes d'alentour.

Leurs Majestés, arrivées sous l'arc de triomphe, ont conversé longtemps avec les autorités présentes et ont été complimentées par le sous-préfet de Saint-Julien.

Les dames se pressaient autour de la voiture de notre belle et gracieuse Impératrice, qu'elles ne pouvaient assez admirer. L'Impératrice saluait avec la même bienveillance la femme élégante et la fille du peuple; sa présence de quelques instants avait gagné tous les cœurs.

L'Empereur a été d'une amabilité parfaite avec les personnes qui lui ont parlé et s'est personnellement enquis des besoins du pays ; les médaillés de Sainte-Hélène n'ont pas été oubliés par lui, et partout où il a passé, il a laissé des marques de sa munificence.

Sa Majesté paraissait émue de cette réception enthousiaste, mais la foule qui le saluait et qui acclamait pour la première fois son magnanime Empereur, l'était bien davantage. Combien de larmes de bonheur ont coulé dans ce moment solennel !

Il fallait voir les vieux médaillés de Sainte-Hélène s'essuyant les yeux et contemplant avec bonheur le neveu de celui qu'ils avaient servi avec tant de fidélité.

Leurs Majestés ont ensuite continué leur route pour Thonon, après avoir témoigné combien elles étaient heureuses d'un accueil aussi parfait de l'arrondissement de Saint-Julien et du canton de Reignier.

Dans le voyage de Leurs Majestés à travers notre belle province, l'arrondissement de Saint-Julien ne doit point être oublié, bien que ce chef-lieu n'ait pas été honoré de leur présence.

L'enthousiasme chez nous n'a été, en effet, ni moins grand, ni moins expansif qu'ailleurs, et nous l'avons prouvé tous en allant au-devant de Leurs Majestés, qui ne pouvaient venir jusqu'à nous. C'est ainsi que les populations des cantons, de Saint-Julien, de Seyssel, sous la conduite de leurs maires, au nombre de trente-sept, sont allés, drapeaux en tête, assister aux fêtes d'Annecy et n'ont pas peu contribué de leurs cohortes nombreuses et de leurs acclamations à l'accueil enthousiaste qui a été fait, dans cette ville, à l'Empereur et à l'Impératrice.

Le 31 août, les habitants des deux autres cantons de l'arrondissement, sous la conduite de vingt-quatre maires, attendaient Leurs Majestés sur la limite de leur arrondissement, à Scientrier, où un magnifique arc de triomphe avait été élevé ; des inscriptions nombreuses en couvraient toutes les faces ; on remarquait celle-ci, qui rappelait nos glorieuses campagnes de Lombardie : *Veni, vidi, vici.* Des trophées d'armes et d'instruments aratoires ornaient les côtés de l'arc de triomphe.

Au milieu des champs, et malgré les incertitudes du temps, une foule si nombreuse a acclamé Leurs Majestés à leur arrivée que l'Empereur a plusieurs fois demandé dans quelle ville il se trouvait ; il y avait là, en effet, les premières autorités de l'arrondissement. M. le sous-préfet, les membres du tribunal, les membres du Conseil général, les juges de paix et tous les fonctionnaires de l'ordre civil et administratif; de l'un des côtés de l'arc de triomphe était groupée, au milieu des uniformes civils et militaires, une gracieuse réunion des dames de l'arrondissement et des environs, en fraîches et élégantes toilettes; la musique de Saint-Julien était placée en face du groupe et s'est fait entendre à l'arrivée et au départ de Leurs Majestés.

Tous les champs alentour étaient couverts de nombreux équipages qui avaient amené à cette fête des personnes venues de tous les points du département et même de Genève.

A l'arrivée de la voiture impériale, M. le sous-préfet, gracieusement accueilli par Leurs Majestés, leur a adressé une allocution.

M. le Procureur impérial, en présentant les membres du Tribunal et les juges de paix, a ensuite adressé quelques mots à Leurs Majestés, et l'Empereur a répondu qu'en faisant aimer la justice on faisait aimer son gouvernement.

Enfin, Leurs Majestés sont reparties après plus d'un quart d'heure d'arrêt, en laissant à M. le sous-préfet une somme pour les médaillés de Sainte-Hélène.

Au départ, comme à l'arrivée, Leurs Majestés ont été acclamées avec tant d'enthousiasme qu'on a dù plusieurs fois interrompre les allocutions qui leur étaient adressées.

Depuis Scientrier jusqu'à la sortie de l'arrondissement à Machilly, c'est-à-dire sur un parcours de 18 kilomètres environ, Leurs Majestés ont rencontré sept arcs de triomphe élevés par les communes de Fillinges, Nangy, Bonne, Cranves-Sales, Saint-Cergues, Machilly, dont les populations se pressaient sur leur passage.

Sur tout ce parcours, qui longeait l'extrême frontière, Leurs Majestés étaient sans autre escorte que les populations qui s'étaient spontanément organisées sur leur passage et qui formaient un cortège bien capable de les protéger si cela eût été nécessaire. Partout où Leurs Majestés se sont arrêtées, elles ont laissé des secours pour les pauvres.

De Reignier à Thonon se trouvaient des foules énormes qui ont acclamé les souverains sur tout le parcours.

A THONON

Journée du 31 Août

(Suite)

En arrivant à Thonon, Leurs Majestés ont, comme de coutume, reçu les harangues du monde officiel et se sont reposées un instant des fatigues du long trajet qu'elles viennent de faire en poste. En attendant, les habitants se préparent à leur faire, comme à Annecy, les honneurs de leur lac. Sur la place qui domine le Léman, on a élevé une tente d'où l'on aperçoit presque tous les points du littoral.

Deux bateaux à vapeur, mis à la disposition de la Commission municipale, stationnent sous les murs de Thonon. Toutes les barques, tous les bateaux des pêcheurs de la ville ont été également offerts à la Commission pour cette fête, et disposés de manière à figurer les dimensions et la forme du nouveau port, tel qu'il a été projeté. Tous les navires sont pavoisés et figureront le soir dans les illuminations. Depuis hier, des bateaux à vapeur pavoisés sillonnent le lac venant de la rive suisse et amenant nécessairement des voyageurs.

En quittant la sous-préfecture, devenue résidence impériale (1), Leurs Majestés sont allées faire une promenade sur le lac et visiter la rive devenue française.

L'Empereur a examiné le plan du port qui a été décrété et s'est entretenu avec l'ingénieur chargé des travaux.

Le bateau à vapeur qui portait Leurs Majestés appartient à la compagnie des chemins de fer d'Italie. Il était pavoisé et décoré avec soin.

Il a quitté le port de Thonon aux cris de : Vive l'Empereur ! vive l'Impératrice ! et s'est avancé jusqu'à Evian, une des plus jolies villes des rives du Léman.

---

(1) M. Fournier-Sarlovèze, qui fut sept ans sous-préfet de Thonon et laissa en Savoie le meilleur souvenir.

Leurs Majestés ont visité en passant le château de Ripaille et sont rentrées à six heures à Thonon, où les rues ont un aspect très pittoresque ; les décorations de fleurs et de verdure en font les frais principaux ; les inscriptions sont nombreuses et variées à l'infini. Une de celles qui ont le plus frappé est celle-ci que l'on avait déjà lue à Annecy et qui se rapporte problablemnt à quelques discours prononcés au moment de l'annexion : *Nos cœurs vont où coulent nos rivières.*

Le soir, il y eut un dîner officiel à la sous-préfecture. A huit heures, Leurs Majestés sont venues sur la place où une tente avait été élevée, et ont pu jouir du coup d'œil des illuminations de la ville et du port ; une double rangée de barques, de chaloupes figuraient le port tel qu'on avait projeté de le construire. Les bateaux, ornés de verres de couleurs, formaient des lignes de feu très distinctes, et permettaient d'embrasser les dimensions et la forme du port.

Les rives du lac étaient remplies d'une foule immense.

Leurs Majestés restèrent assez longtemps à contempler ce spectacle, dont la nature faisait la plus grande partie de la mise en scène.

Les acclamations et les vivats de la foule ne cessèrent de se faire entendre sur le passage de Leurs Majestés.

DE THONON A SALLANCHES

L'Empereur et l'Impératrice quittèrent Thonon le 1er septembre, à neuf heures du matin, et se dirigèrent vers Sallanches en passant par Bons, Bonne, Bonneville, sous-préfecture bâtie à la base méridionale du Môle, sur la rive droite de l'Arve que traverse un beau pont de pierre à l'extrémité duquel a été érigée une colonne surmontée d'une statue de Charles-Félix, roi de Sardaigne; Cluse, petite ville de deux mille habitants où existe une fabrique de mouvements de montres, qui fait concurrence à l'industrie genevoise.

Leurs Majestés furent reçues à Sallanches comme partout ailleurs avec le plus grand enthousiasme. La pluie, qui avait défoncé les chemins, n'avait pas empêché les populations d'accourir de tous les points environnants.

Le programme de la réception de Leurs Majestés à Sallanches est fort simple. Réception des autorités, visite à la chapelle de l'Immaculée Conception, élevée sur le versant de la montagne, en face du pont de l'Arve. Dîner et feux d'artifice.

DE SALLANCHES A CHAMONIX

Le 2 septembre, l'Empereur s'était levé à cinq heures du matin. A six heures, Leurs Majestés entendaient la messe dans l'église de Sallanches, et à sept heures tout était prêt pour le départ ; mais l'orage qui avait éclaté la veille dans la vallée, un de ces orages des Alpes, violents et rapides, avait causé de grands désastres.

On fit observer à l'Empereur qu'il serait peut-être imprudent de tenter le voyage de Chamonix ; mais l'Empereur avait persisté dans sa résolution.

Avant de quitter la ville, l'Empereur avait remis au Maire une somme de 25.000 francs pour réparer les quais. Il avait accordé, en outre, 1.000 francs à chacun des établissements de bienfaisance de la ville et aux établissements des Sœurs de charité.

L'Empereur aurait aussi accordé sur sa cassette particulière une pension de 1,200 francs à l'Ecole d'horlogerie de Cluses.

Après avoir pris congé des autorités de Sallanches, Leurs Majestés sont parties pour Chamonix, accompagnées jusqu'au bas des rampes par la population tout entière. Les voitures impériales attelées de quatre vigoureux chevaux du pays, habitués à gravir les pentes abruptes, s'étaient éloignées aux cris de : Vive l'Empereur ! vive l'Impératrice ! vive le Prince impérial !

A huit heures et demie, le cortège impérial avait atteint Servoz et passé le torrent Noir sur un pont de bois qu'on avait terminé pendant la nuit.

Arrivé devant le premier torrent, le Nant Jantan, on avait trouvé les habitants achevant de combler le lit du torrent sous les ordres d'un conducteur des ponts et chaussées. La pluie avait diminué graduellement, et le torrent était moins rapide.

M. Charles, le premier piqueur de l'Empereur, est descendu dans le torrent pour s'assurer s'il n'y avait pas d'excavations et s'il était assez solide pour supporter le poids des voitures. En même temps dix hommes des plus vigoureux, pris parmi les travailleurs, s'étaient mis à l'eau du côté de l'abîme pour soutenir la voiture en cas de danger, et c'est ainsi que Leurs Majestés ont franchi le premier torrent.

Arrivé sur l'autre bord, l'Empereur a distribué lui-même de bonnes récompenses à ces braves gens.

Le second torrent, le Bourgeat, avait été franchi de même, et Leurs Majestés étaient enfin arrivées à Chamonix.

Au moment de l'arrivée de l'Empereur (1), j'étais auprès d'un habitant de la ville dont l'enthousiasme était des plus expansifs; il poussait de formidables vivats.

— Vous paraissez bien heureux, lui ai-je dit, de l'arrivée de Leurs Majestés dans votre ville.

— Nous en sommes d'autant plus heureux, m'a-t-il répondu, que la présence de l'Empereur ici va consacrer définitivement pour nous la possession du Mont-Blanc.

Comme je ne comprenais pas bien sa pensée, il m'a expliqué que, depuis 1815, les Suisses s'obstinaient à faire figurer le Mont-Blanc sur leur carte de géographie et à le considérer comme leur.

— Cependant le Mont-Blanc nous appartient, ajouta-t-il, il appartient à la France, et sous le premier Empire, il y avait un département du Mont-Blanc.

J'ai approuvé la logique de l'habitant de Chamonix. Leurs Majestés sont descendues à l'hôtel du Palais-Royal, un grand chalet suisse adossé aux Alpes. Elles y ont reçu les autorités de la ville et les députations des habitants de la vallée. Les vieux militaires du premier Empire étaient là comme toujours.

L'Empereur est descendu un moment dans la cour de l'hôtel où ils étaient réunis. La joie de ces vieux soldats était au comble.

— Ah ! c'est notre Napoléon ! disait l'un d'eux en versant des larmes.

Après avoir gracieusement reçu le compliment de la municipalité, Leurs Majestés admirèrent l'arc de triomphe à l'entrée de l'hôtel et surmonté d'une magnifique peinture du Mont-Blanc, sur lequel reposait l'aigle impérial ; au-dessous on lisait l'inscription suivante :

ARRIVE, AIGLE INDOMPTÉ, SUR CE MONT COLOSSAL ;
IL EST DE TA GRANDEUR LE DIGNE PIÉDESTAL.

---

(1) Cette anecdote est racontée par l'envoyé spécial de l'*Illustration* qui suivit le voyage impérial.

Une foule immense entourait l'arc de triomphe; on y remarquait surtout la compagnie des guides et un grand nombre d'enfants des deux sexes, vêtus de blanc et munis de drapeaux tricolores.

Après le déjeuner, l'ascension du Montanvert devait s'effectuer; mais le temps s'est déclaré si mauvais que force a été de la renvoyer au lendemain.

Cet empêchement a tourné à l'avantage des populations accourues pour acclamer les augustes visiteurs; chacun a pu les contempler à l'aise dans leurs fréquentes apparitions sur les balcons de l'hôtel. A une heure, Sa Majesté l'Empereur est descendue de nouveau sur la place publique, saluant avec aménité la multitude qui l'acclamait. Il adressa la parole aux vétérans du premier Empire, rangés pour le recevoir et portant fièrement sur leur poitrine la médaille de Sainte-Hélène.

A quatre heures, notre bonne Impératrice partit, accompagnée d'un écuyer et de ses dames d'honneur, pour une excursion au glacier des Bossons, qu'elle traversa dans toute sa largeur.

Pendant cette excursion l'Empereur fit arriver dans ses appartements les enfants dont nous avons parlé plus haut et leur fit distribuer à chacun un franc, don précieux dont ils garderont à jamais le souvenir. Sa Majesté donna ensuite audience au clergé, au Conseil municipal de Chamonix et des communes voisines.

A son retour, Sa Majesté l'Impératrice fut reconnue par la foule qui l'acclama et lui prodigua les témoignages de la plus respectueuse et de la plus sympathique admiration.

Le soir, après le dîner, illumination générale dans le bourg. Un magnifique feu d'artifice et des feux de joie sur les montagnes.

DE CHAMONIX A BONNEVILLE

Journée du 3 Septembre

Le lendemain matin, à six heures, Leurs Majestés sont parties pour la Mer de Glace, accompagnées de quelques personnes de leur maison et de guides expérimentés. Des mulets avaient été préparés pour cette excursion.

La caravane a remonté la vallée à dos de mulet au Montanvert. Les personnes de leur suite en ont fait autant, et chacun, muni d'un bâton ferré et appuyé sur un guide, s'est avancé dans ce qu'on appelle la Mer de Glace.

Il était neuf heures environ; la Mer de Glace est une vallée tout entière comblée par les neiges sur une étendue de huit kilomètres environ. Ces amas de glaces amoncelées présentent çà et là des déchirures profondes et des crevasses qui ne sont pas sans dangers pour le visiteur.

Leurs Majestés se sont avancées dans les glaciers et chacun en a fait autant.

Leurs Majestés paraissent enchantées. Elles se sont entretenues avec plusieurs des personnes qui se trouvaient là; et, après une heure consacrée à cet intéressant voyage, Leurs Majestés ont donné le signal du départ.

Au Montanvert on a repris les mulets, et à onze heures, la caravane tout entière était rentrée à Chamonix.

Après déjeuner, Leurs Majestés sont reparties pour Bonneville en descendant la vallée par le même chemin; mais les ravins étaient à sec.

Leurs Majestés ont fait une grande partie de la route à pied, à cause de la rapidité des pentes.

De Chamonix à Bonneville, Leurs Majestés ont constamment voyagé sous des berceaux de verdure; dans chaque village, chaque hameau, on s'est ingénié à chercher ce qu'il y aurait de plus agréable à dire à Leurs Majestés et de plus vrai pour exprimer les sentiments de la population.

La ville de Bonneville avait aussi des arcs de triomphe, ses maisons pavoisées et ses inscriptions. Mais ce qui faisait le côté original de la fête, c'est l'exhibition qu'elle avait préparée des produits de son industrie locale.

Sept chars allégoriques avaient été disposés sur la place principale.

Ce programme a été malheureusement dérangé par l'inondation. Il en est résulté qu'au lieu d'entrer par le pont, Leurs Majestés sont arrivées par un des faubourgs opposés, et qu'il y a eu un retard de plus de deux heures.

Ce contre-temps n'a pas diminué l'enthousiasme de ces braves gens. Ils ont acclamé Leurs Majestés avec une ardeur dont elles ont dû être touchées.

Bonneville est une des villes de la Savoie où s'était conservé le plus vivement le souvenir de la France. Un fait historique avait contribué à entretenir cet attachement à l'ancienne patrie.

C'est à Bonneville qu'avait eu lieu, en 1815, quelques jours après Waterloo, le dernier combat entre les Français et les Autrichiens venant de Genève pour envahir la France.

Les habitants de Bonneville avaient bravement combattu pour défendre le sol national, et, en souvenir de ce fait de guerre, plusieurs d'entre eux avaient conservé intactes depuis 1815, sur les murs de leurs maisons, les traces des boulets des Autrichiens et les boulets eux-mêmes incrustés avec cette inscription : 27 juin 1815.

Ici comme partout, Leurs Majestés ont donné aux habitants des témoignages de leur bienfaisance et de leur sollicitude.

A sept heures, dîner à la sous-préfecture et réception de toutes les autorités.

DE BONNEVILLE A CHAMBÉRY

Journée du 4 Septembre

Départ de Bonneville à 10 heures du matin. Leurs Majestés ont traversé de nouveau La Roche, le Plot, Annecy, Albens, Aix et Sonnaz.

Sur tout le parcours, mêmes acclamations que lors de leur premier passage.

A Sonnaz, l'Empereur et l'Impératrice ont trouvé les populations accourues pour les acclamer au passage, et conduites non par une vaine curiosité, mais par le désir de prouver aux nouveaux souverains de la Savoie, combien elles étaient sensibles à leur visite et de témoigner de leur dévouement à la France et de leurs sympathies profondes pour l'Empereur, l'Impératrice et le Prince impérial.

Les acclamations les plus enthousiastes n'ont cessé de saluer Leurs Majestés, et de tous côtés on n'entendait que les cris de : Vive l'Empereur ! vive l'Impératrice ! vive le Prince impérial ! A Saint-Ombre (Chambéry-le-Vieux), le cortège impérial a passé sous un arc de triomphe élevé à la hâte.

DERNIÈRE SOIRÉE A CHAMBÉRY

Journée du 4 Septembre

(Suite)

A leur arrivée à Chambéry, Leurs Majestés ont été reçues par M. le Préfet, Mᵐᵉ Dieu, Monseigneur l'Archevêque, M. le baron d'Alexandry, maire de la ville, le marquis Costa de Beauregard, président du Conseil général; le général Vergé, commandant la subdivision.

L'Empereur a ensuite reçu, en audience particulière, M. le duc de Cajanello, envoyé extraordinaire de S. M. le Roi de Naples.

L'Empereur a pris connaissance d'une brochure écrite par M. Merme et a été frappé de la justesse de plusieurs de ses appréciations; il en a témoigné sa satisfaction en faisant remettre à l'auteur une somme de 1,000 francs et en accompagnant ce don des paroles les plus obligeantes.

On sait que M. Merme est un ancien militaire qui a fait toutes les campagnes de la République et de l'Empire dans les guides de Kellerman, et dont le corps est couvert des plus honorables cicatrices.

Au dîner de Leurs Majestés ont assisté, outre les personnes de la maison de l'Empereur et de l'Impératrice, M. le Préfet et Mᵐᵉ Dieu, M. le baron et Mᵐᵉ la baronne d'Alexandry, M. le marquis Costa de Beauregard, M. le général Vergé et M. le colonel du 54ᵉ de ligne. Sa Majesté s'est entretenue toute la soirée successivement avec M. le Préfet, M. d'Alexandry et M. de Costa, ainsi qu'avec M. le duc de Cajanello, envoyé de S. M. le Roi de Naples.

Au moment où Leurs Majestés et leurs invités se mettaient à table, la ville s'illuminait brillamment. Les édifices publics, la rue de Boigne, les Boulevards étaient enveloppés de guirlandes de feu. La promenade du Verney était transformée en une vaste salle de bal étincelante de feux. Au fond on avait élevé un élégant pavillon destiné à Leurs Majestés et aux personnes de leur maison. Une foule considérable, pleine d'allégresse, couvrait la place du Verney et la promenade.

A huit heures et demie, un feu d'artifice préparé par M. Colombert, artificier à Chambéry, a été tiré au Verney. Ce feu d'artifice a été magnifique, et bien que contrarié par la pluie, il a parfaitement réussi ; quelques pièces ont même reçu les applaudisements des spectateurs.

Le bal champêtre a commencé aussitôt après le feu d'artifice. Malgré l'affluence et l'animation qui régnait, il s'est passé avec ordre. On espérait que l'Empereur et l'Impératrice daigneraient l'honorer de leur présence, et Leurs Majestés se proposaient en effet de s'y rendre vers 10 heures, lorsqu'une forte pluie, survenue à neuf heures et demie, les a empêchées de donner suite à leur projet.

Après le dîner, l'Empereur s'est promené dans le jardin du château et a écouté les observations que M. le Préfet a eu l'honneur de lui soumettre pour l'achèvement du château. D'après les ordres de Sa Majesté, des plans lui ont été présentés par M. l'Architecte du département.

* *
*

Avant son départ de Chambéry pour Grenoble, l'Empereur a remis les insignes de l'Ordre impérial de la Légion d'honneur à M. le lieutenant-colonel Borson, ancien député de Saint-Pierre d'Albigny, ainsi qu'à M. le comte du Vergé de Saint-Thomas, ex-major au régiment de Savoie-cavalerie, ancien député d'Albertville. Sa Majesté a fait appeler aussi M. le docteur Songeon, médecin en chef de l'Hôtel-Dieu, doyen des médecins de Chambéry, et M. Courtois Antoine, ex-sergent du 2e régiment de ligne sous Napoléon Ier, et en leur remettant la croix de son ordre impérial de la Légion d'Honneur, Sa Majesté a daigné leur adresser des paroles pleines d'intérêt et qui les ont profondément touchés. Sa Majesté a dit à M. Songeon qu'elle était heureuse de réparer un oubli regrettable ; à M. Courtois, que c'était avec plaisir qu'elle acquittait envers lui la dette de Napoléon Ier.

DÉPART DE CHAMBÉRY

(5 Septembre)

Ce matin, vers dix heures et un quart, après avoir déjeuné au Château, Leurs Majestés ont quitté Chambéry pour se rendre à Grenoble. Elles étaient en calèche découverte, suivies des voitures contenant les personnes de leur maison et escortées de quelques gendarmes à cheval et d'un détachement de lanciers. Le cortège a traversé le quartier Sainte-Claire, passé devant les casernes et gagné la route de Montmélian en passant par le faubourg.

Quelques instants avant le départ de l'Empereur, le conseil général, le conseil municipal, l'Archevêque et son Chapitre, M. le procureur général, M. le premier président et M. le général de brigade ont été reçus par Leurs Majestés Impériales dans le grand salon du Château.

M. le marquis Costa de Beauregard, président du conseil général, a fait en ces termes ses remercîments à l'Empereur :

Sire,

Chacun des pas de Votre Majesté dans nos villes et dans nos vallées a été marqué par un nouveau bienfait. Votre sollicitude magnifiquement généreuse a prévenu et dépassé nos vœux, et cependant la Savoie ose en former encore. Daignez, Sire, pardonner son indiscrétion, car cette indiscrétion vient du cœur. Puisse l'Empereur, puisse Sa Majesté l'Impératrice conserver le souvenir des heureux qu'Ils ont faits. Qu'Ils daignent laisser à la Savoie l'espérance de Les revoir et de saluer bientôt avec Eux l'Héritier de leur puissance, de leur bonté, de leur génie.

M. le baron d'Alexandry a prononcé les paroles suivantes :

Sire,

Nous revenons vers vous, comblés de vos bienfaits. Qu'il me soit permis, au nom de la population qui vous bénit, de vous dire merci mille fois, de vous répéter que son dévouement, sa reconnaissance et sa fidélité n'auront pas de bornes.

SIRE, MADAME,

Vos augustes mains ont porté le soulagement sous le toit des pauvres ; vous avez calmé bien des douleurs, et bien des mères affligées vous doivent les secours qui feront vivre leurs enfants.

Nos vœux vous accompagnent. Que le Ciel guide vos pas ; qu'il protège ce jeune Prince devenu notre drapeau et l'unique espoir de notre avenir.

Un jour, vous direz de nous ce que disaient nos anciens rois : « Brave Savoie ! » Car si la Savoie n'a qu'un cœur pour vous aimer, elle a tous ses bras pour vous défendre.

Vive l'Empereur ! Vive l'Impératrice ! Vive le Prince impérial !

L'Empereur avec un sentiment de bonheur qui se réflétait sur son visage a répondu : « Qu'il avait été très sensible au bon accueil que lui avaient fait les populations de la Savoie; qu'il reviendrait souvent dans ce beau pays qui lui avait plu ; qu'il se proposait même d'y revenir bientôt. »

L'Empereur a alors serré affectueusement la main à M. Millevoye (1); puis toute l'assistance s'est retirée le cœur vivement ému, et est allée se placer devant le perron de la chapelle du Château pour saluer une dernière fois sa gracieuse souveraine et son auguste époux.

---

(1) Père de M. Lucien Millevoye, député de la Seine.

DOCUMENTS

I

S. M. le Roi Victor-Emmanuel adresse aux populations de la Savoie et de Nice la proclamation suivante pour les délier de leur serment de fidélité.

Un traité conclu le 24 mars établit que la réunion de la Savoie et de Nice à la France aura lieu avec l'adhésion des populations et la sanction du Parlement.

Quelque pénible qu'il me soit de me séparer de provinces qui ont fait si longtemps partie des Etats de mes ancêtres et auxquelles tant de souvenirs me rattachent, j'ai dû considérer que les changements territoriaux amenés par la guerre en Italie justifiaient la demande que mon auguste allié l'Empereur Napoléon m'a adressée pour obtenir cette réunion.

J'ai dû, en outre, tenir compte des services immenses que la France a rendus à l'Italie, des sacrifices qu'elle a faits dans l'intérêt de son indépendance, des liens que les batailles et les traités ont formés entre les deux pays. Je ne pouvais méconnaître, d'ailleurs, que le développement du commerce, la rapidité et la facilité des communications augmentent chaque jour davantage l'importance et le nombre des rapports de la Savoie et de Nice avec la France.

Je n'ai pu oublier enfin que de grandes affinités de race, de langage et de mœurs rendent ces rapports de plus en plus intimes et naturels.

Toutefois ce grand changement dans le sort de ces provinces ne saurait vous être imposé ; il doit être le résultat de votre libre consentement.

Telle est ma ferme volonté, telle est aussi l'intention de l'Empereur des Français.

Pour que rien ne puisse gêner la libre manifestation de vos vœux, je rappelle ceux, parmi les principaux fonctionnaires de l'ordre administratif, qui n'appartiennent pas à votre pays et je les remplace momentanément par plusieurs de vos concitoyens entourés de l'estime et de la considération générales.

Dans les circonstances solennelles vous vous montrerez dignes de la réputation que vous avez acquise. Si vous devez suivre d'autres destinées, faites en sorte que les Français vous accueillent comme des frères qu'on a appris à apprécier et à estimer. Faites que votre réunion à la France soit un lien de plus entre deux nations dont la mission est de travailler de concert au développement de la civilisation.

II

Adresse de remerciement présentée, au nom de la Députation savoisienne, à S. M. l'Empereur.

SIRE,

Le 24 mars 1860 sera une époque mémorable dans les fastes de notre patrie et dans le cœur des membres de la Députation savoisienne.

Ce jour-là, Sire, la Savoie est devenue française ; ce jour-là, Votre Majesté a bien voulu recevoir comme des enfants chéris ceux qui étaient venus lui en offrir les hommages ; ce jour-là, S. M. l'Impératrice leur a accordé à chacun le souvenir qui pouvait leur être le plus cher (1).

L'accueil que nous ont fait Leurs Majestés, nous ont remplis d'émotion et vous avez, Sire, couronné tant de bontés en nous faisant comprendre que vous aimiez de notre patrie jusqu'au nom, et que vous vouliez le conserver dans ceux qui seront donnés à nos départements.

Nous retournons, Sire, dans nos montagnes, pleins de joie et de reconnaissance ; nous y retournons en répétant ces cris qui y retentiront toujours :

Vive l'Empereur ! vive l'Impératrice ! vive le Prince impérial !

Pour toute la Députation :

Signé : GREYFIÉ, *président ;* LACHENAL, RUPHY, de BOIGNE, PISSARD, BERTHIER, *membres de la Commission.*

---

(1) Chaque membre de la Députation savoisienne avait reçu le portrait de S. A. I. Monseigneur le Prince impérial avec la dédicace suivante : « Souvenir du 24 mars 1860. — EUGÉNIE. »

III

Adresse des Capucins à Sa Majesté Napoléon III, Empereur des Français, à la suite du vote de l'Annexion.

Sire,

Avant de prendre part au suffrage universel par un vote d'adhésion aux nouvelles destinées de leur patrie, les Capucins de la province de Savoie se font un devoir de déposer aux pieds de Votre Majesté leurs très humbles et très respectueux hommages.

C'est avec une joie vivement sentie qu'ils saluent cet avenir grand et prospère que la Providence divine réserve, par l'action éclairée et généreuse de Votre Majesté, à cette terre classique de la fidélité et du dévouement.

Sire, la Savoie tout entière palpite sous une indicible émotion à l'approche de ce jour à jamais béni par notre reconnaissance, où il nous sera donné de vous appeler notre bien-aimé souverain, notre père chéri, et les Capucins de la Savoie, s'associant à cette fête de famille, demanderont à Dieu qu'il daigne répandre sur Votre Majesté, ainsi que sur l'Impératrice et le Prince impérial, ses bénédictions les plus riches et les plus abondantes.

J'ai l'honneur d'être, Sire, de Votre Majesté, le très humble et très dévoué serviteur.

Fr. MATHIEU,
Provincial des Capucins de Savoie.

IV

Adresse des Sœurs de Saint-Joseph de Chambéry à la suite du vote de l'Annexion.

Sire,

En 1812, une petite Communauté de Sœurs de Saint-Joseph était fondée à Aix-les-Bains et à Chambéry par S. Em. le cardinal Fesch, sous le patronage et par les bienfaits de la reine Hortense, votre auguste mère. Tant qu'elle vécut, notre illustre fondatrice ne cessa de combler sa chère Congrégation des témoignages de sa haute bienveillance et des marques de sa munificence royale.

Sire, Dieu a béni l'heureuse inspiration de votre auguste mère. Sa petite colonie de Chambéry s'est merveilleusement développée, et se trouve maintenant établie dans toute la Savoie. Partout nos Sœurs partagent leur vie entre le soin des enfants pauvres, l'éducation des jeunes filles du peuple et la direction des salles d'asile. Au moment où nous ne pouvions nous consoler de la perte irréparable que nous avions faite dans la personne de l'immortelle reine Hortense, nous ne soupçonnions pas que la Providence nous préparait une protection plus puissante encore dans la personne de Votre Majesté et de notre Impératrice bien-aimée, patronnesse de tous les orphelinats et de tous les asiles de France.

Sire, dans la joie et l'ivresse universelles, nous sommes plus heureuses que bien d'autres. Nous n'avons rien à changer aux sentiments de nos cœurs : nous continuons d'être les filles de l'illustre famille qui nous a introduites en Savoie, en appelant chaque jour les bénédictions divines sur votre auguste personne, sur notre Impératrice bien-aimée et sur Monseigneur le Prince Impérial.

Tels sont les sentiments, Sire, que toutes nos Sœurs me chargent de déposer au pied du trône de notre nouveau Souverain, à qui, par tant de titres, nous sommes si heureuses d'appartenir.

Je suis avec un profond respect, Sire, de Votre Majesté la très humble et très obéissante servante.

Sœur Marie-Félicité VETRAT.

Supérieure Générale

Note. — Les Sœurs de Saint-Joseph de Chambéry doivent leur introduction en Savoie et leurs premiers succès dans notre pays à la famille impériale. Pendant l'été de 1812, le cardinal Fesch, archevêque de Lyon et oncle de Napoléon, étant venu aux eaux d'Aix en compagnie de sa sœur, Madame-Mère, y fut attristé par le spectacle de l'abandon dans lequel étaient laissées les jeunes filles, pour qui n'existait point d'école. Pour remédier à ce mal, il ordonna à son vicaire général M. Bochard de lui envoyer immédiatement trois Sœurs de la maison-mère de Saint-Joseph de Lyon. L'ordre fut exécuté sans retard. Dans la première semaine d'août, Mère Saint-Jean Marcoux et ses deux compagnes arrivèrent à Aix. Installées par la municipalité dans le vieux château des marquis d'Aix transformé en hôpital, elles ajoutèrent au soin des malades une école gratuite de filles qu'elles ouvrirent dans les combles de l'édifice en ruines. La protection du Cardinal et celle de l'Impératrice-Mère, déterminèrent aussitôt un courant de sympathie en faveur des nouvelles religieuses, et avant la fin du mois, le baron Finot, préfet du Mont-Blanc, prenait des mesures pour leur assurer une situation légale devant son administration.

La même année 1812, au mois de novembre, Mgr de Solle ayant obtenu deux autres Sœurs de Lyon, leur confia l'école de sa ville épiscopale qu'il établit rue de la Cathédrale, à Chambéry.

L'année suivante 1813, la reine de Hollande, Hortense de Beauharnais, faisait une saison à Aix. Le 10 juin, dans une promenade à la cascade de Grésy, Mme de Broc, sa jeune dame du palais, qui l'accompagnait, y périt victime de l'imprudence que l'on sait. La Reine revint à son hôtel la mort dans l'âme. Pendant les premiers jours, elle ne voulut recevoir personne. Il n'y eut d'exception que pour la sympathique et douce Mère Saint-Jean dont elle aimait les entretiens ; et c'est en grande partie à l'inspiration de cette sainte religieuse qu'elle se détermina à faire une fondation de dix lits en faveur des malades peu fortunés que leurs infirmités obligent à venir prendre les eaux. La fondation de la reine Hortense qui donna son nom au premier hospice thermal d'Aix-les-Bains (rente sur l'État de 535 francs affectée à l'entretien des dix lits, et la somme de 1.485 fr. 85 centimes pour leur confection et accessoires, fut approuvée par le décret impérial du 29 août 1813. Les Sœurs de Saint-Joseph furent chargées de la direction intérieure de l'hôpital.

Note de M. le chanoine Bouchage ; voir son ouvrage : Chroniques de la Congrégation des Sœurs de Saint-Joseph de Chambéry, tome 1ᵉʳ

CHAMBÉRY. IMP. GÉNÉRALE SAVOISIENNE, 5, RUE DU CHATEAU.